ABITUR

Prüfungsaufgaben mit Lösungen **2015**

Gemeinschaftskunde

Gymnasium
Baden-Württemberg

STARK

ISBN 978-3-8490-1184-0

11. neu bearbeitete Auflage
www.stark-verlag.de

Inhalt

Fortsetzung nächste Seite

Schriftliche Abiturprüfungen Wirtschaft

Sollten nach Erscheinen dieses Bandes noch wichtige Änderungen in der Abiturprüfung 2015 vom Kultusministerium bekannt gegeben werden, finden Sie aktuelle Informationen dazu im Internet unter:

www.stark-verlag.de/pruefung-aktuell

Jeweils im Herbst erscheinen die neuen Ausgaben der Abiturprüfungsaufgaben mit Lösungen.

Autoren:

Dr. Gerhard Altmann (Tipps und Hinweise, Ü 1, Ü 2, Abituraufgabe 2014 I)

Nikola Knies (Tipps und Hinweise, Ü 5, Ü 6, Abituraufgabe 2014 II)

Rolf Mattes (Tipps und Hinweise)

Hans-Joachim Steigertahl (Ü 3, Ü 4)

Stichwortverzeichnis

Das Kernfach Gemeinschaftskunde – Tipps und Hinweise

Liebe Schülerinnen und Schüler,

wenn Sie dieses Buch zur Abiturvorbereitung in Händen halten, haben Sie sich wahrscheinlich schon bei Ihrer Kernfachwahl für Gemeinschaftskunde entschieden oder Sie besuchen diesen Kurs bereits. Wir freuen uns über Ihre Wahl, da wir meinen, dass Gemeinschaftskunde besonders als vierstündiges Kernfach interessant und attraktiv ist – unter anderem wegen seiner inhaltlichen und methodischen Vielfalt.

Sie können in diesem Kurs eine Menge für viele Studiengänge und auch für das Leben außerhalb der Bildungsinstitutionen lernen – und wir bekommen immer wieder Rückmeldungen von Schülern, die sich bei Bewerbungsverfahren mithilfe ihrer in Gemeinschaftskunde erworbenen Kompetenzen erfolgreich durchsetzen konnten. Um im Kernfach Gemeinschaftskunde gute Semester- und Abiturergebnisse zu erzielen, ist es nach unseren Erfahrungen und denen unserer Schülerinnen und Schüler besonders hilfreich,

- wenn Sie mit Freude und Interesse viele Medien nutzen: Presse, Fachlektüre, Funk und Fernsehen und das Internet; insbesondere die regelmäßige Nutzung von Tages- und Wochenzeitungen ist schon fast so etwas wie „die halbe Miete", da Sie sich auf diese Weise quasi „automatisch" wesentliche Teile des Fachwissens auf dem aktuellen Stand aneignen;
- wenn Sie sich für Politik, Wirtschaft, Gesellschaft und Recht interessieren;
- wenn Sie eine Aufgabenstellung schnell und präzise erfassen können und rasch eine gut gegliederte Stichwortsammlung auf Konzept entwerfen können;
- wenn Sie zügig umfangreiche Lösungen zu Papier bringen können;
- wenn Sie gerne mit statistischem Material umgehen und wenn Sie – um dazu etwas zu verdeutlichen – ggf. einfachere mathematische Berechnungen durchführen können.

Darüber hinaus hat Gemeinschaftskunde im Unterschied zu manch anderem Fach den Charme eines gewissen Neuanfangs. Natürlich ist es einerseits sehr vorteilhaft, wenn Sie sich ein gutes Stück „Durchblick" aus den vorangegangenen Jahren Gemeinschaftskundeunterricht bewahren konnten (wenn es Ihnen möglich ist: Behalten Sie Ihre alten Gemeinschaftskundebücher und -ordner bzw. -hefte!). Doch andererseits begegnen Sie vielem Bekannten auf einem höheren Anspruchsniveau wieder und haben dann die gute Chance, Versäumtes oder Vergessenes nachzuholen.

Dieses Buch hilft Ihnen dabei, sich anhand von Übungsaufgaben zielgerichtet auf Klausuren und auf die schriftliche Abiturprüfung im Wahlkernfach Gemeinschaftskunde vorzubereiten. Die folgenden Hinweise und Tipps sollen Sie zusätzlich bei Ihrer optimalen Vorbereitung auf Klausuren und das Abitur unterstützen. Sollten nach Erscheinen dieses Bandes noch entscheidende Änderungen in den Abiturprüfungen vom Kultusministerium bekannt gegeben werden, finden Sie aktuelle Informationen dazu unter:
www.stark-verlag.de/pruefung-aktuell

1 Ein Blick in den Bildungsplan lohnt sich

Im Bildungsplan 2004 finden Sie die Themen, die für Sie wegen der Schwerpunktthemen für das schriftliche Abitur 2015 von höchster Bedeutung sind. Aber auch für die GFS und die mündlichen Prüfungen ist es wichtig, dass Sie diese Themen kennen und wissen, über welche Kompetenzen Sie verfügen sollten. So werden z. B. in der Lehrplaneinheit 3.1 folgende Kompetenzen eingefordert:

„Die Schülerinnen und Schüler können […]
- eine aktuelle Wahl anhand ausgewählter Faktoren analysieren;
- repräsentative und plebiszitäre Demokratiekonzeptionen definieren und vergleichen;
- die Partizipationsmöglichkeiten in der repräsentativen Demokratie bewerten […].“

Eine Kopie des Bildungsplans haben Sie vermutlich schon von Ihrem Kursleiter erhalten, vielleicht sogar eine Kopie der Standards. Sie können beide auch über den Landesbildungsserver herunterladen:
www.schule-bw.de/entwicklung/bistand.

2 GFS – G(leichwertige) F(eststellung von) S(chülerleistungen)

Sie müssen in mindestens drei Fächern Ihrer Wahl üblicherweise im Laufe der ersten drei Semester je eine GFS leisten. Wenn Sie Gemeinschaftskunde als mündliches Prüfungsfach (siehe 4.2) wählen wollen, sollten Sie die Chance wahrnehmen, mittels einer GFS im Kernfach Gemeinschaftskunde schon für das mündliche Prüfungsfach zu „trainieren“.
Hierbei ist es hilfreich, ein GFS-Thema dem aktuellen Bildungsplan zu entnehmen. Ein denkbares GFS-Thema aus der Lehrplaneinheit 1.3 „Die Ausgestaltung des Sozialstaats“ wäre z. B. „Gesundheits- und Alterssicherung in der Schweiz – Vorbild für die BRD?“. Die GFS muss sich dabei an den Vorschriften zum mündlichen Prüfungsfach ausrichten.

3 Die schriftliche Abiturprüfung

3.1 Rahmenbedingungen und Inhalte

Im Abitur müssen Sie sich in den drei Kernfächern Deutsch/Fremdsprache/Mathematik schriftlich prüfen lassen. Dazu müssen Sie noch ein viertes schriftliches Prüfungsfach aus Ihren weiteren vierstündigen Kernfächern wählen, in unserem Fall also Gemeinschaftskunde.
Sie bekommen in Gemeinschaftskunde zwei Aufgaben. Jede bezieht sich auf jeweils eines der folgenden derzeitigen Schwerpunktthemen:
- **I:** Lehrplaneinheit 2: Wirtschaftliche Dynamik und Wirtschaftspolitik (Unterthemen: Markt und Staat, Aufgaben der Stabilisierungspolitik, Globalisierung und Strukturwandel)
- **II:** Lehrplaneinheit 3: Politische Institutionen und Prozesse (Unterthemen: Politische Teilhabe und Demokratie, Gewaltenteilung und Kontrolle politischer Herrschaft, Politischer Entscheidungsprozess)

„Schwerpunktthema" bedeutet nicht, dass Ihre Kompetenzen in ausschließlich dieser Lehrplaneinheit überprüft werden, sondern die Aufgaben können auch Aspekte anderer Lehrplaneinheiten einbeziehen. Sie wählen eine dieser Aufgaben aus und haben dafür, einschließlich Auswahlzeit, **270 Minuten** zur Verfügung.

Als **Hilfsmittel** sind eine unkommentierte Ausgabe des Grundgesetzes, ein Nachschlagewerk zur deutschen Rechtschreibung und ein grafikfähiger Taschenrechner zugelassen.

Wichtig für Sie zu wissen ist noch, dass zu den Aufgaben zum Überprüfen der Fachkompetenz Aufgaben aus dem Bereich der **Methodenkompetenz** dazukommen. Von großer Bedeutung ist dabei neben der Arbeit mit Texten die Auswertung von statistischem Material. Auch die mögliche Auswertung von Bildquellen (z. B. Karikaturen) oder Karten wird in der Vorschrift genannt. Deshalb sind in einigen Übungsklausuren solche und weitergehende anwendungsorientierte Aufgaben eingebaut. Unter 3.4 bieten wir Ihnen eine Einführung in den Umgang mit statistischem Material in der schriftlichen Abiturprüfung an. Beachten Sie, dass ab dem Abitur 2015 auch **Materialien** verwendet werden können, die keiner Teilaufgabe explizit zugeordnet sind. So müssen Sie ggf. selbst entscheiden, wo es sinnvoll wäre, dieses Material miteinzubeziehen. Neu sind auch zwei Methoden, die in Aufgaben des dritten Anforderungsbereichs zur Anwendung kommen können: die **politische Rede** und das **Streitgespräch**. Beide bieten die Gelegenheit, **neben analytischen auch gestalterische Kompetenzen** zu zeigen.

3.2 Verrechnungspunkte

Eine Prüfungsaufgabe im Abitur hat 60 Verrechnungspunkte (VP), die auf ca. drei bis fünf Teilaufgaben verteilt sind. In der Regel stehen diese Teilaufgaben in einem thematischen Zusammenhang, der durch eine Kontextualisierung konkretisiert werden kann. Die Verrechnungspunktezahl beträgt üblicherweise zwischen ca. acht und zwanzig Verrechnungspunkten pro Teilaufgabe. Daraus können Sie auf den Arbeits-/ Schreibumfang und das Anforderungsniveau schließen.

3.3 Anforderungsbereiche und Operatoren

Die Anforderungsbereiche in der schriftlichen Prüfung reichen von der Wiedergabe von Wissen (**Reproduktion**) über die vertiefende Bearbeitung und das angemessene Anwenden gelernter Inhalte und Methoden auf andere Sachverhalte (**Reorganisation und Transfer**) bis zur **Reflexion und Problemlösung**. Um Ihnen Sicherheit zu geben, was in einer Teilaufgabe von Ihnen erwartet wird, finden Sie in jeder Teilaufgabe eine Arbeitsanweisung, die als Aufforderung formuliert ist – einen sogenannten **Operator**. Ihr Kursleiter sollte im Besitz eines Papiers mit dem Titel „Basisoperatorenkatalog in den gesellschaftswissenschaftlichen Fächern in Baden-Württemberg" sein. Bitten Sie ihn, dass Ihr ganzer Kurs eine Kopie des Papiers erhält. Dort finden Sie alle **Operatoren** mit Erklärung der Arbeitsanweisung. Den wesentlichen Teil dieses Papiers finden Sie auch hier im Anschluss abgedruckt.

Wir möchten Sie auf einige uns besonders wichtig erscheinende Aspekte hinweisen. Operatoren wie „beschreiben", „darstellen", „vergleichen" oder „beurteilen" verlangen, dass Sie in einer durchgehend formulierten Antwort die Aufgabe lösen. Empfehlenswert ist der klassische Aufbau mit Einleitungssatz, in Absätzen gegliedertem Hauptteil und Schlusssatz. Bitte vermeiden Sie bei diesen Operatoren „Stichwortbrocken" hinter Pfeilen oder in Klammern ebenso wie unverbundene Auflistungen hinter Spiegelstrichen. Spiegelstriche erlaubt nur der Operator „nennen". Sehr wichtig ist auch, dass Sie in der ganzen Klausur die Fachsprache und -begriffe sicher anwenden. Last but not least: Achten Sie auf eine saubere Darstellung und auf die Sprachrichtigkeit, sonst müssen ein bis zwei Notenpunkte abgezogen werden. Es lohnt sich also für Sie, sauber zu schreiben und mindestens zehn Minuten zum Korrekturlesen einzuplanen!

Die Operatoren verteilen sich auf drei unterschiedliche, im Schwierigkeitsgrad ansteigende **Anforderungsbereiche**. Im Bereich I „Reproduktion" müssen Sie Gelerntes wiedergeben. Der Bereich II „Reorganisation und Transfer" verlangt, dass Sie selbstständig erklären, bearbeiten, ordnen und auf andere Sachverhalte übertragen können. Im Bereich III „Reflexion und Problemlösung" müssen Sie mit neuen Problemstellungen umgehen, einen Sachverhalt selbstständig erörtern und Ihre eigene Urteilsbildung reflektieren. Ab dem Abitur 2015 kommt in diesem Zusammenhang dem Operator „gestalten" besondere Bedeutung zu.

Die folgende Liste umfasst den „Basisoperatorenkatalog in den gesellschaftswissenschaftlichen Fächern in Baden-Württemberg" und verweist jeweils auf eine Aufgabe im Übungsteil dieses Buches, die den entsprechenden Operator enthält. Dabei bedeutet z. B. der Zusatz Ü5/1, dass das Beispiel aus der Übungsaufgabe 5 – und dort aus der Teilaufgabe 1 – stammt. Der Zusatz 14/I/3 sagt Ihnen, dass Sie das Beispiel in der Aufgabe I der Abiturprüfung 2014 in der Teilaufgabe 4 finden.

Anforderungsbereich I

nennen	Entweder Informationen aus vorgegebenem Material entnehmen oder Kenntnisse ohne Materialvorgabe anführen.	
herausarbeiten	Informationen und Sachverhalte unter bestimmten Gesichtspunkten aus vorgegebenem Material entnehmen und wiedergeben und /oder gegebenenfalls berechnen.	Ü1/1
beschreiben	Wesentliche Informationen aus vorgegebenem Material oder aus Kenntnissen zusammenhängend und schlüssig wiedergeben.	Ü5/1
charakterisieren	Sachverhalte und Vorgänge mit ihren typischen Merkmalen beschreiben und in ihren Grundzügen bestimmen.	14/I/4

Anforderungsbereich II

erstellen	Sachverhalte inhaltlich und methodisch angemessen grafisch darstellen und mit fachsprachlichen Begriffen beschriften (z. B. Fließschema, Diagramm, Mind Map, Wirkungsgefüge).	
darstellen	Strukturen und Zusammenhänge beschreiben und verdeutlichen.	Ü6/1
analysieren	Materialien und Sachverhalte systematisch und gezielt untersuchen und auswerten.	Ü4/2
ein-, zuordnen	Sachverhalte, Vorgänge begründet in einen vorgegebenen Zusammenhang stellen.	
begründen	Komplexe Grundgedanken argumentativ schlüssig entwickeln und im Zusammenhang darstellen.	
erklären	Informationen durch eigenes Wissen und eigene Einsichten begründet in einen Zusammenhang stellen (z. B. Theorie, Modell, Gesetz, Regel, Funktionszusammenhang).	Ü1/4
erläutern	Sachverhalte im Zusammenhang beschreiben und anschaulich mit Beispielen oder Belegen erklären.	Ü2/3
vergleichen	Gemeinsamkeiten und Unterschiede gewichtend einander gegenüberstellen und ein Ergebnis formulieren.	14/II/3

Anforderungsbereich III

überprüfen	Vorgegebene Aussagen bzw. Behauptungen an konkreten Sachverhalten und innerer Stimmigkeit messen.	14/II/5
beurteilen	Aussagen, Behauptungen, Vorschläge oder Maßnahmen im Zusammenhang auf ihre Stichhaltigkeit bzw. Angemessenheit prüfen und dabei die angewandten Kriterien nennen.	Ü2/5
bewerten	Aussagen, Behauptungen, Vorschläge oder Maßnahmen beurteilen, eine persönliche Stellungnahme abgeben und dabei die eigenen Wertmaßstäbe offenlegen.	14/I/5
erörtern	Zu einer vorgegebenen Problemstellung durch Abwägen von Für- und Wider-Argumenten ein begründetes Urteil fällen.	Ü3/3b
gestalten	Sich produkt-, rollen- bzw. adressatenorientiert mit einem Problem durch Entwerfen z. B. von Reden, Streitgesprächen, Strategien, Beratungsskizzen, Szenarien oder Modellen auseinandersetzen.	Ü5/4

Wir möchten Ihnen mit einigen Beispielen aus Abiturprüfungen das Zusammenspiel von Anforderungsstufen und Operatoren verdeutlichen. Bitte bedenken Sie aber, dass sich in vielen Aufgaben die Anforderungsstufen nicht klar trennen lassen, dass also z. B. in derselben Aufgabe zum Teil Reproduktion von Wissen, zum Teil Reorganisations- und Transferleistungen verlangt werden.

Anforderungsbereich I: Reproduktion
*„**Nennen** Sie Gründe, die in M 2 für die Krise des Sozialstaates angeführt werden."*
Hier müssen Sie dem vorgegebenen Textmaterial die vom Autor angeführten Punkte entnehmen und aufzählen, ohne einfach abzuschreiben.
*„**Stellen Sie dar**, welche Aufgaben die Parteien nach dem Grundgesetz und dem Parteiengesetz im politischen System der Bundesrepublik erfüllen sollen."*
Bei der Lösung dieser Aufgabe können Sie die Ihnen in der Klausur zur Verfügung gestellte unkommentierte Grundgesetzausgabe (Art. 21) zurate ziehen. Die anderen Aufgaben müssen Sie mithilfe Ihres Faktenwissens zum Parteiengesetz beschreiben.

Zu „**Herausarbeiten**": Bezieht sich die Aufgabe auf ein Textmaterial, müssen Sie in der Regel unter einem bestimmten Gesichtspunkt Textteile **strukturiert** wiedergeben – also nicht den gesamten Text bzw. nicht die einfache Textabfolge. In der Einleitung zur Lösung sollen Autor, Titel, Erscheinungsort und -zeit, die Hauptthese und das Thema genannt bzw. formuliert werden. Bei wörtlichen Zitaten [„…" (Z. 5 f.)] und indirekten Zitaten (vgl. Z. 8 ff.) müssen Sie die Zitierregeln beachten.

Beziehen Sie sich in einem Satz nicht direkt auf den Autor (z. B. *Nach Meinung des Autors ...)*, geben aber eines seiner Argumente wieder, müssen Sie den Konjunktiv verwenden. Diese **Zitierregeln** gelten natürlich auch bei anderen Aufgabentypen. Müssen Sie etwas **rechnerisch** herausarbeiten, wird von Ihnen die Kompetenz des sogenannten „bürgerlichen Rechnens“ (Grundrechenarten, Prozentrechnen, Anwendung bekannter Formeln) verlangt. Dabei und bei Aufgaben zu statistischem Material hilft Ihnen ggf. der Taschenrechner, der als Hilfsmittel zugelassen ist.

Anforderungsbereich II: Reorganisation und Transfer
*„**Erläutern** Sie, welche Bedeutung die Tarifautonomie für die Soziale Marktwirtschaft hat.“*
Bei der Lösung dieser Aufgabe sollten Sie zunächst inhaltlich im Zusammenhang beschreiben, was Soziale Marktwirtschaft und Tarifautonomie sind. Anschließend müssen Sie die wesentliche Rolle der Tarifautonomie anschaulich erklären.

Zu „**Analysieren**“: Dieser Operator eignet sich besonders mit Bezug auf statistisches Material. Bei dieser Aufgabenstellung sollten Sie zunächst die Fundstelle/Quelle und das Thema benennen. Danach sollten Sie knapp den formalen Aufbau beschreiben. Die gezielte und systematische Untersuchung des Inhalts geht weit über eine beschreibende Wiedergabe hinaus und sollte den Hauptteil Ihrer Lösung ausmachen. Im abschließenden Teil Ihrer Lösung sollten Sie – soweit möglich – Ergebnisse der inhaltlichen Untersuchung interpretativ begründen oder erklären sowie ein zusammenfassendes Ergebnis formulieren. Lesen Sie sich zu diesem Aufgabentyp auch unsere Ausführungen zum Umgang mit statistischem Material unter 3.4 durch.

Anforderungsbereich III: Reflexion und Problemlösung
*„**Erörtern** Sie die Frage, ob angesichts von Globalisierung und zunehmendem Wettbewerbsdruck in der Wirtschaft der Sozialstaat an die Grenzen seiner Möglichkeiten stößt.“*
Diese Aufgabe verlangt eine Lösung unter Berücksichtigung verschiedener Standpunkte mit ihren Begründungen (z. B. nach dem „Pro- und Kontra-“ oder dem „Einerseits-Andererseits-Schema“) und sollte mit einem abgewogenen, sachbezogenen Urteil abgeschlossen werden.
Zu einigen Operatoren möchten wir noch Hinweise geben bzw. sind von der Abituraufgabenkommission Präzisierungen zu den Anforderungen vorgenommen worden.

Zu „**Gestalten**“: Dabei geht es derzeit darum, dass Sie z. B. einen Kommentar oder einen Leserbrief schreiben müssen – was natürlich wie auch die anderen Kompetenzen ausreichend im Unterricht eingeübt werden muss. Sie müssen sich an einer vorgegebenen Rolle bzw. Zielgruppe orientieren.

Zu „**Beurteilen**“ und „**Bewerten**“: Die besondere Schwierigkeit bei diesen Operatoren liegt darin, dass Sie – sofern nicht schon in der Aufgabenstellung angegeben – **Beurteilungskriterien** bzw. **Wertmaßstäbe finden und nennen müssen**. Ein allgemeines Kriterium wäre z. B. das der **Effizienz**, mittels dessen sich Gesichtspunkte wie Realisierbarkeit, Kosten und Nutzen, bürokratischer Aufwand oder Folgen und Nebenwirkungen ergeben. Ein anderes allgemeines Kriterium kann **Legitimität** sein

– mit Gesichtspunkten wie Werten, Normen und Regelungen des Grundgesetzes (das Ihnen beim Abitur und bei den Kursklausuren zur Verfügung steht), Berücksichtigung eines breiten Interessenspektrums, Partizipation, Akzeptanz, Transparenz und demokratische Legitimation der Entscheider.

Für die Auswertung von **Karikaturen** bieten sich die Operatoren „Erläutern“, „Erklären“, „Erörtern“, „Beurteilen“ und „Bewerten“ mehr als andere an. Eine typische Aufgabenstellung könnte beispielsweise sein: „Erklären Sie ausgehend von der Karikatur das dargestellte Problem der Gleichberechtigung der Geschlechter.“ Bitte beachten Sie, dass Sie dann zunächst wie bei einem Textmaterial in einem einleitenden Satz Autor, Daten und Thema nennen müssen. Anschließend müssen Sie die Karikatur kurz beschreiben, bevor Sie sich dem Hauptteil der Aufgabe widmen.

3.4 Der Umgang mit Tabellen und Grafiken

Wahrscheinlich finden Sie in Gemeinschaftskunde in einer der Abituraufgaben oder in beiden neben Textmaterial auch statistisches Material in Form von Tabellen oder Grafiken vor, auf das sich eine oder mehrere Aufgabenstellungen beziehen können. Wie können Sie solche Aufgaben Erfolg versprechend anpacken? Viele Schulbücher legen Ihnen die Auswertung in mehreren Schritten nahe. Dabei wird oft jeder Schritt mit einigen Leitfragen konkretisiert, sodass Sie sich an einem „Gerüst“ entlanghangeln können und nichts Wesentliches außer Acht lassen. Wir empfehlen Ihnen generell ein **Vorgehen in drei Schritten**, das allerdings nicht bei allen Operatoren und nicht immer ausführlich angewandt werden muss.

Zur Form ↘ **Zum Inhalt** ↙

Anforderungsbereich I: Reproduktion
nennen, beschreiben, charakterisieren, herausarbeiten

Anforderungsbereich II: Reorganisations- und Transferleistungen
analysieren, darstellen, ein- oder zuordnen, begründen, erklären, erläutern, vergleichen, erstellen

Zur Aussageabsicht, Interpretation und Kritik
↓

Anforderungsbereich III: Reflexion und Problemlösung
überprüfen, erörtern, beurteilen, bewerten, gestalten

Bei den **drei Schritten** können folgende Leitfragen hilfreich sein, die aber nicht immer anwendbar sind:

Zur Form

1. Welches sind Thema/Erhebungsgegenstand und Zweck (Überschrift, Begleittext) der Tabelle/Grafik?
2. Was ist der Erhebungsraum und Erhebungs(zeit)raum (Momentaufnahme, Entwicklung, Prognose)?
3. Wie und durch wen wurden die Werte ermittelt?
4. Wer hat die Statistik verfasst (verfassen lassen)?
5. Auf welchen Quellen beruht die Tabelle/Grafik?
6. Welche Darstellungsform wurde gewählt (Tabelle, Kurven-/Linien-, Säulen-/Balken-, Kreis-, Flächen-, Block- und Figuren-Diagramm)?
7. Was sind die Bezugsgrößen: Zahlenarten (absolute Zahlen, Prozentzahlen, Indexzahlen), -werte (gerundet, geschätzt, vorläufig), Maßeinheiten und Intervalle?
8. Welche Kategorien werden zueinander in Beziehung gesetzt (z. B. bei Tabellen in Kopfzeile, Spalten und Vorspalten)?
9. Wie ist die grafische Gestaltung: Symbole, Farben, (Hintergrund-)Bilder?

Zum Inhalt

1. Welche Hauptaussagen lassen sich formulieren (Trends, Tendenzen)?
2. Welche Teilaussagen in Bezug auf Einzelaspekte lassen sich machen (Minima, Maxima, Zunahme, Abnahme, Stagnation, Zahlensprünge, Anomalien, Gleichmäßigkeiten und regelhafte Verläufe, unterschiedliche Phasen, Wechselbeziehungen zwischen verschiedenen Variablen/Merkmalen ...)?

Beachten Sie, dass eine bloße Verbalisierung der Daten nicht Erfolg versprechend ist, sondern das Signifikante herausgearbeitet werden muss. Bitte achten Sie auch darauf, dass Sie Entwicklungen bei Prozentangaben in der Regel als Änderung in **Prozentpunkten** angeben müssen.

Zur Aussageabsicht, Interpretation und Kritik

1. Welche Antwort gibt die Tabelle/Grafik auf die Fragestellung? Zu welchen Teilbereichen lassen sich keine Aussagen treffen?
2. Welche Aussagen, Empfehlungen oder Handlungen werden durch die Statistik/Grafik nahegelegt?
3. Welche neuen Fragen werfen die Informationen der Tabelle/Grafik auf?
4. Was sind mögliche Ursachen für die der Tabelle/Grafik entnommenen Sachverhalte?
5. Beurteilung der Aussagekraft der Tabelle/Grafik:
   - Sind die Daten repräsentativ und korrekt?
   - Ist die Darstellungsform angemessen?
   - Gibt es Unklarheiten in Bezug auf die Daten, Bezugsgrößen, Quellen ...?
   - Fehlen Informationen im Schaubild?
   - Besteht Verdacht auf Interessengebundenheit/Manipulation? (Datenauswahl, Auftraggeber, grafische Darstellung ...)

Am besten lässt sich das Zusammenspiel von Vorgehensschritten, Anforderungsbereichen und Operatoren an einem **Beispiel mit Lösungsvorschlag** zeigen:

M Arbeitsmarkt weltweit: Mehr Frauenpower

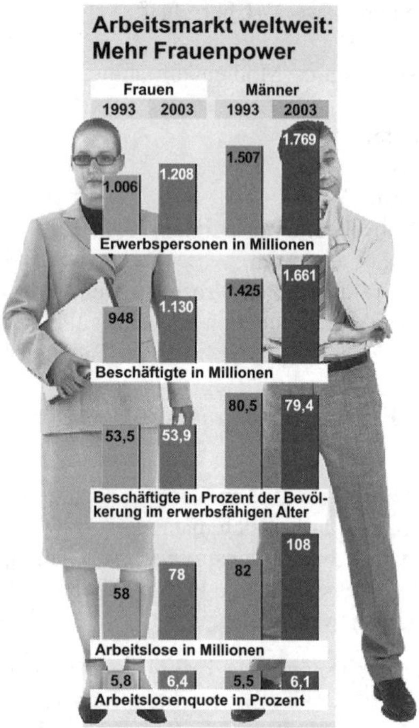

Hinweis: Im Original (aus: iwd Nr. 10, 10. 3. 2005, S. 8) ist die Grafik farbig gestaltet. Dabei sind die Säulen in der Rubrik „Frauen" hell- und dunkelorange, die Säulen bei den Männern hell- und dunkelgrau gehalten.

Arbeitsaufträge:

1. Beschreiben Sie die Grafik. (6 VP)
2. Beurteilen Sie die These im Titel der Grafik, auf dem weltweiten Arbeitsmarkt gebe es mehr Frauenpower. (8 VP)

Lösungsvorschlag

1. **Thema** der Grafik ist die weltweite Veränderung der Erwerbstätigkeit von Frauen im Zehnjahreszeitraum 1993–2003. Die Überschrift beinhaltet folgende Aussage: „Arbeitsmarkt weltweit: Mehr Frauenpower". Mehrere **Säulendiagramme** zeigen **getrennt nach Männern und Frauen** und den Jahren **1993 und 2003** die Erwerbstätigen und die (abhängig) Beschäftigten weltweit in auf Millionen gerundeten absoluten Zahlen. Nach Frauen und Männern getrennt wird die Zahl der Beschäftigten in Prozent der Bevölkerung im erwerbsfähigen Alter gezeigt. Die Zahl der Arbeitslosen wird geschlechtsspezifisch in absoluten Zahlen auf Millionen gerundet dargestellt wie auch als Arbeitslosenquote in Prozent der Erwerbspersonen.

   Als **Quelle** wird die ILO (International Labour Organization, eine Unterorganisation der UNO) genannt; erstellt und veröffentlicht wurde die Grafik vom iwd, dem Institut der deutschen Wirtschaft. Die Grafik ist mit einem **Hintergrundbild** unterlegt. Darauf wird hinter den Säulen mit den Angaben zu den Frauen eine streng, hart, entschlossen-dynamisch wirkende Business-Frau in korrektem Outfit gezeigt. Die Säulen zu den Angaben für Frauen sind im Original in hellorange

(1993) bzw. dunkelorange (2003) koloriert. Hinter den Säulen mit den Angaben für die Männer ist ein Business-Mann in nachdenklicher, eher ablehnender Haltung ohne Jackett zu sehen; die Säulen mit den Angaben für Männer sind in hellgrau für 1993 und dunkelgrau für 2003 gehalten.
Der Grafik sind folgende **inhaltliche Angaben** zu entnehmen: Im 10-Jahreszeitraum 1993–2003 ist die Zahl der weiblichen Erwerbspersonen um 202 Millionen, die Zahl der männlichen Erwerbspersonen um 262 Millionen gestiegen. Die Zahl der weiblichen Beschäftigten ist um 182 Millionen bzw. anteilig bei der weiblichen Bevölkerung im erwerbsfähigen Alter um 0,4 Prozentpunkte gestiegen, während die Zahl der männlichen Beschäftigten um 236 Millionen gestiegen bzw. anteilig bei der männlichen erwerbsfähigen Bevölkerung um 1,1 Prozentpunkte gesunken ist. Die Zahl der weiblichen Arbeitslosen ist um 20 Millionen, ihre Arbeitslosenquote um 0,6 Prozentpunkte gestiegen; die Zahl der männlichen Arbeitslosen ist um 26 Millionen, ihre Arbeitslosenquote auch um 0,6 Prozentpunkte gestiegen.

2. Das iwd versucht, mit der Grafik **die These** der Überschrift zu **belegen, es gebe weltweit mehr Frauenpower**. So ist tatsächlich die absolute Zahl weiblicher Berufstätiger gestiegen. Dies trifft aber auch auf die absolute Zahl berufstätiger Männer zu.
Der Begriff „Frauenpower“, das suggestive Hintergrundbild sowie die Farbgebung der Säulen legen jedoch nahe, dass die Frauen im Verhältnis zu den Männern aufgeholt haben. Dafür bietet die Grafik aber nur eine **schmale Zahlenbasis:** den kleinen Anstieg des Anteils der weiblichen Beschäftigten an der weiblichen Gesamtbevölkerung im erwerbsfähigen Alter um 0,4 Prozentpunkte – für den Zeitraum von 10 Jahren kein großer Anstieg, während bei den Männern ein kleiner Rückgang um 1,1 Prozentpunkte zu vermerken ist. Darüber hinaus ergibt eine kurze Überschlagsrechnung – deren Ergebnis die Grafik nicht anbietet –, dass die Zahl der weiblichen Beschäftigten mit ~20 % prozentual etwas stärker gestiegen ist als die Zahl der männlichen Beschäftigten (~17 %). Dagegen lässt die Entwicklung der weiblichen Arbeitslosenquote die Interpretation von mehr „Frauenpower“ nicht zu, sie ist parallel zur männlichen um 0,6 Prozentpunkte gestiegen.
Keine Aussage macht die Grafik **zu den beruflichen Positionen und dem Einkommen der Frauen im Vergleich zu den Männern**. So ist durchaus denkbar, dass der Anstieg des Anteils der weiblichen Beschäftigten an der weiblichen Gesamtbevölkerung sich besonders auf den Niedriglohnsektor bezieht. Es ist auch zu vermuten, dass die weltweiten Gesamtangaben je nach unterschiedlichen Regionen (z. B. Industrieländer, Schwellenländer, Entwicklungsländer) unterschiedlich ausfallen und differenziert werden müssen.
Eine so „lautstarke“, gemessen am Inhalt undifferenzierte Überschrift und die Gestaltung der Grafik lassen darauf schließen, dass das iwd, also das Institut der deutschen Wirtschaft, mit dieser Grafik **bestimmte Interessen** verfolgt und **bestimmte Aussagen** nahelegen will: Frauen sollen als „im Kommen“ gezeigt werden und dies könnte sie möglicherweise als **qualifizierte** Fachkräfte zur Berufs-

tätigkeit ermutigen im Hinblick auf den für die Zukunft prognostizierten demografisch bedingten Mangel an Fachkräften in Deutschland. Unterschwellig wird auch die Aussage suggeriert, dass Frauen im Beruf **nicht mehr oder zumindest immer weniger benachteiligt seien**. Deshalb wären dann **keine staatlichen Eingriffe** zum Abbau dieser Benachteiligung, wie z. B. ein Antidiskriminierungsgesetz, **notwendig**. Ebenso – wenn es „Mehr Frauenpower" gibt – wären dann **keine steuererhöhenden**, **kostenträchtigen**, **familienfördernden Maßnahmen vonnöten**, die möglicherweise auch die Wirtschaft belasten würden.
So lässt sich abschließend festhalten, dass die These von „Mehr Frauenpower" auf dem weltweiten Arbeitsmarkt vom Zahlenmaterial her nicht sehr überzeugend ist. Es ist sogar kritisch zu vermuten, dass mit den beschriebenen suggestiven und lenkenden Elementen eine interessengeleitete Teilwahrheit transportiert werden soll. So gesehen bietet die Grafik nur einen eingeschränkten Erkenntniswert.

3.5 Die politische Rede

„Gerade für die Demokratie gilt, dass sie ohne Redekunst verdorrt." (Joachim Detjen). Nicht nur in Wahlkampfzeiten entfaltet das gesprochene Wort besondere Wirkung: Politiker, aber auch Vertreter von Verbänden und der Zivilgesellschaft wenden sich regelmäßig an die Öffentlichkeit, um ihren Standpunkt zu erklären und für ihn zu werben. Der Zweck der Rede steht dabei in einem engen Zusammenhang mit der Zuhörerschaft, an die sie gerichtet wird. Die **Adressatenorientierung** ist deshalb von herausragender Bedeutung für eine gelungene Ansprache. Da nur wenige Redner in der Lage sind, aus dem Stegreif zu formulieren, ist es unerlässlich, ein **Manuskript** anzufertigen, in dem sich die inhaltlichen und sprachlichen Ideen des Redners wiederfinden.
Historisch bedeutende politische Reden sind etwa Perikles' Epitaph auf die Gefallenen des Peloponnesischen Krieges 431 v. Chr. („Die Verfassung, die wir haben, heißt Demokratie"), Abraham Lincolns Ansprache auf dem Schlachtfeld von Gettysburg 1863 („government of the people, by the people, for the people"), der Aufruf Winston Churchills zum Widerstand gegen Hitler-Deutschland 1940 („Blut, Schweiß und Tränen") und die Ansprache Martin Luther Kings beim Marsch auf Washington 1963 („I have a dream"). Die politische Rede ist auf **Wirkung** angelegt: Sie will informieren, überzeugen, rechtfertigen, die politische Willensbildung beeinflussen, mobilisieren und im Extremfall auch in propagandistischer Absicht manipulieren.

Aufbau der Rede

1. Einleitung: Einstieg, der das Interesse der Adressaten weckt (z. B. durch ein Zitat, eine Anekdote oder eine Frage) und zum Thema hinführt
2. Hauptteil: anschauliche, mit Beispielen flankierte Argumentation, roter Faden, Spannungsbogen
3. Schluss: prägnante Zusammenfassung der Argumentation, Appell

Sprachliche Elemente

- Adressatenbezug: An welche Zuhörer wendet sich meine Rede? Steht das Publikum im Mittelpunkt meiner Ausführungen?
- Verwendung von Fachbegriffen, dabei jedoch Berücksichtigung allgemeiner Verständlichkeit
- Einsatz rhetorischer Mittel, z. B. Trikolon, Vergleich, rhetorische Frage, Zuspitzung
- Vermeidung von Schachtelsätzen und Füllwörtern

Bewertung der Rede

- Sachkenntnis: korrekte Fakten, richtige Darstellung von Zusammenhängen, Berücksichtigung von Gegenargumenten
- Überzeugungskraft: erkennbarer roter Faden, schlüssiger Aufbau, Beantwortung der Ausgangsfrage bzw. steter Bezug zur eingangs dargelegten Problematik, nachvollziehbares Fazit
- Ausdrucksvermögen: Adressatenbezug, rhetorische Gewandtheit, wirkungsvolle sprachliche Mittel, Klarheit, Prägnanz

3.6 Das Streitgespräch

Bei einem Streitgespräch handelt es sich um einen kontroversen Meinungsaustausch, bei dem mindestens zwei Gesprächspartner ihre **Argumente** zu einem strittigen Thema diskutieren. Diese Form der Diskussion begegnet uns im Alltag ständig, sei es in verschiedenen TV-Formaten, in denen Meinungen zu politischen oder wirtschaftlichen Themen ausgetauscht werden (z. B. „Das TV-Duell" im Vorfeld der Bundestagswahl), oder aber auch im Elternhaus oder der Schule bei Diskussionen. Damit ist dieses im Abitur neue Aufgabenformat sehr realitätsnah und zeichnet sich darüber hinaus durch große Handlungsorientierung aus.
So bietet Ihnen die Gestaltung eines Streitgesprächs im Abitur die Möglichkeit, Ihre **Urteilskompetenz** unter Beweis zu stellen, indem Sie Positionen begründen und Argumente abwägen etc. Gleichzeitig ermöglicht es Ihnen durch die geforderte Rollenorientierung, einen **Perspektivenwechsel** zu vollziehen und Ihre **kommunikativen Kompetenzen** zu zeigen. Anders als die Ihnen bekannte „Erörterung", in der ebenfalls Argumente abgewogen werden, bietet das Streitgespräch eine Vielzahl **kreativer Gestaltungsmöglichkeiten** und erweitert das bisherige Aufgabenspektrum des dritten Anforderungsbereichs.
Da das Streitgespräch von Ihnen schriftlich verfasst und nicht wie sonst üblich mündlich und spontan geführt wird, haben Sie dessen Aufbau und Struktur selbst in der Hand. Sie allein entscheiden, welche Behauptungen von den Personen aufgestellt, welche Begründungen gegeben und welche Beispiele an welcher Stelle angeführt werden.

Aufbau des Streitgesprächs

1. Kurze Einleitung, aus der hervorgeht, wer die am Streitgespräch beteiligten Personen sind, was das Thema oder der Anlass des Streitgesprächs ist und welche Hauptthesen vertreten werden.

2. Im Hauptteil führen die beteiligten Personen einen Dialog, in dem sie abwechselnd sprechen und ihre Argumente vorbringen. Hier ist es zu empfehlen, pro Dialogbeitrag nur ein Argument zu verwenden. Diese Argumente sollten mit Beispielen oder Belegen ergänzt werden. Wichtig ist dabei, dass die Gesprächspartner aufeinander eingehen und keinesfalls nur Argumente aneinanderreihen.
3. Der Schluss bietet verschiedene Optionen: Ein Kompromiss der Redner ist ebeso möglich wie die Einigung auf eine der beiden Positionen. Auch kann es sein, dass keine Einigung gefunden wird.

Bewertung des Streitgesprächs
Für die Bewertung ist nicht entscheidend, zu welchem Ergebnis die Kontrahenten Ihres Streitgesprächs gelangen. Ausschlaggebend ist die Sachkenntnis. Dabei sind die **Argumentationstiefe und -dichte** entscheidend. Ein weiteres Beurteilungskriterium ist die **Überzeugungskraft**, mit der Sie argumentieren. Treffende Beispiele und die Schlüssigkeit der Argumentation sind hierbei ausschlaggebend. Auch die Gesprächsfähigkeit und das **Ausdrucksvermögen** gehen in die Bewertung ein. Die Deutlichkeit verschiedener Perspektiven sowie ein steter und treffender Situationsbezug sind dabei ebenso von Bedeutung wie die Verwendung einer angemessenen (Fach-)Sprache und der sinnvolle Einsatz rhetorischer Mittel.

4 Die mündliche Abiturprüfung (5. Prüfungsfach)

Sie **müssen eine** mündliche Prüfung in Ihrem mündlichen Prüfungsfach ablegen, falls Sie keine besondere Lernleistung wie z. B. einen Seminarkurs abrechnen. Sie **können freiwillig** eine mündliche Zusatzprüfung in den vier schriftlichen Prüfungsfächern ablegen. Tipps zum Erfolg in mündlichen Prüfungen finden Sie unter www.schule-der-rhetorik.de (auf einen der Buttons auf der linken Seite klicken, dann erscheint unten der Link „Materialien").

4.1 Gemeinschaftskunde als freiwillige mündliche Zusatzprüfung

Gemeinschaftskunde können Sie logischerweise nur als freiwillige mündliche Zusatzprüfung wählen, wenn Sie es als viertes schriftliches Prüfungsfach gewählt haben. Sie entscheiden spätestens einen Tag nach Bekanntgabe der schriftlichen Prüfungsergebnisse (ca. eine Woche vor dem mündlichen Prüfungszeitraum), ob Sie sich in Gemeinschaftskunde zusätzlich mündlich prüfen lassen wollen. Diese Entscheidung sollten Sie aber erst nach intensiver Beratung durch Ihre Oberstufenberater treffen. Sie sollten dann bis zum Prüfungstag die Tagespresse und die Nachrichtensendungen verfolgen – oft lässt sich von Lehrer- oder Prüflingsseite der aktuellste Stand zu einem Problem einbauen. Ihr Kursleiter legt dem von einer anderen Schule kommenden Leiter des Fachausschusses mehrere Aufgabenvorschläge vor, welcher einen Vorschlag für Sie auswählt. Die Aufgabenvorschläge können den Inhalten der Lehrplaneinheiten aller vier Semester entnommen sein; die Aufgaben der schriftlichen Abiturprüfung sind ausgeschlossen.

Am Prüfungstag haben Sie vor der Prüfung 20 Minuten **Vorbereitungszeit**. Sie erhalten die Aufgabe meist mit einer bis drei Leitfragen, von denen sich eine, manchmal auch zwei auf ein Material beziehen. Das ist meist ein Text, möglich ist aber auch eine Tabelle, eine Karikatur, eine Grafik oder eine Mischung daraus. Sie bereiten einen etwa zehnminütigen Kurzvortrag zu den Leitfragen vor. Am besten ist es, zentrale Aspekte nicht nur auf dem Materialblatt farbig zu markieren, sondern auf Konzeptblättern eine übersichtlich gegliederte Stichwortsammlung für jede Leitfrage zu erstellen. Nachdem Sie Ihren Kurzvortrag noch einmal überdacht haben, sollten Sie möglichst noch drei bis vier Minuten im Material und Ihrer Vortragsübersicht nach möglichen Anknüpfungspunkten zu weiteren Lehrplaneinheiten suchen, denn eine Prüfung weiterer, inhaltlich möglichst zusammenhängender Lehrplaneinheiten wird in der Vorschrift ausdrücklich verlangt.
In den Handreichungen zur Zusatzprüfung in Gemeinschaftskunde wird festgelegt, dass neben dem anderen Material auch das Grundgesetz für Sie im Vorbereitungsraum bereitliegen sollte/kann. Bitte sprechen Sie das bei Ihrem Kursleiter an. Oft ist es hilfreich, wenn Sie in der Vorbereitungszeit noch einen Blick auf einen „passenden“ Grundgesetzartikel werfen können.

Im **Prüfungsraum** werden Sie in der Regel eingeladen, sich zu setzen, sodass Sie Ihr Materialblatt und Ihre Stichwortblätter auf dem Tisch gut vor sich unterbringen können. Falls Sie Ihren Kurzvortrag im Stehen halten möchten, bitten Sie den Fachausschussleiter darum. Zu Prüfungsbeginn werden Sie eventuell gefragt, ob Sie ein Verständnisproblem (z. B. ein ungewöhnliches Fremdwort) hatten. Nach der Klärung können Sie mit Ihrem Kurzvortrag zu den Leitfragen beginnen. Dabei empfiehlt es sich wie bei der schriftlichen Prüfung, die klassische Struktur mit Einleitung, Hauptteil und Schlusssatz zu wählen.

In der **Einleitung** sollten Sie das Thema des Materials oder die Leitfrage (teilweise in eigenen Worten) wiedergeben und kurz die Hauptaspekte Ihrer Antwort benennen. So hinterlassen Sie den souveränen Eindruck, dass Sie „alles im Griff“ haben. Diese Hauptaspekte führen Sie dann detailliert im **Hauptteil** aus. Abrunden sollten Sie diesen Teil mit einer **Schlussbemerkung**, die sich zum Beispiel auf die Qualität oder die Intention des Materials beziehen kann oder das Wesentliche nochmals auf den Punkt bringt. Mit der bzw. den anderen Leitfrage(n) verfahren Sie in derselben Weise, und falls dies von der Frage her möglich ist, auch im anschließenden Prüfungsgespräch. Bitte beachten Sie, dass Sie während des Vortrags alle Mitglieder des Prüfungsausschusses anschauen und nur kurz zur Orientierung auf das jeweilige Blatt mit der Stichwortübersicht blicken. Im anschließenden Prüfungsgespräch ist es nur natürlich, wenn Sie Ihren Blick bei der Antwort vor allem auf den Fragesteller richten.

4.2 Gemeinschaftskunde als mündliches Prüfungsfach (Präsentationsprüfung)

Als mündliches Prüfungsfach können Sie Gemeinschaftskunde nur wählen, wenn Sie Gemeinschaftskunde **nicht** als viertes schriftliches Prüfungsfach gewählt haben. Die Schüler/-innen des zweistündigen Kurses können Gemeinschaftskunde ohne Einschränkungen als mündliches Prüfungsfach wählen.
In den Vorschriften wird diese Prüfung als „**vorbereitete Präsentation mit Prüfungsgespräch**" definiert. Sie ist **in der Regel eine Einzelprüfung**, die Durchführung als Gruppenprüfung ist aber möglich. Allerspätestens zwei Wochen vor der Prüfung müssen Sie im Einvernehmen mit Ihrem Kursleiter **vier Themen** schriftlich vorlegen. Sie erfahren dann etwa eine Woche vor der Prüfung, welches Thema der Leiter des Fachausschusses ausgewählt hat. Logischerweise haben Sie dann direkt vor der Prüfung keine Vorbereitungszeit wie bei der Zusatzprüfung. Die Prüfung selbst dauert als Einzelprüfung insgesamt 20 Minuten, der Vortrags- bzw. **Präsentationsteil** ca. zehn Minuten. Das anschließende **Prüfungsgespräch** beschäftigt sich zunächst mit den präsentierten Inhalten. Dabei müssen Sie mit Rückfragen sowie mit vertiefenden, problematisierenden und weiterführenden Fragen rechnen. Sie können auch zu angewandten **Methoden**, z. B. der Recherche oder der Präsentationstechnik, befragt werden. Schließlich ist nach den Vorschriften noch eine **kontextbezogene Ausweitung** des Prüfungsgesprächs auf weitere Lehrplanthemen erwünscht. Bitte beachten Sie sinngemäß die in 4.1 angeführten Tipps für das Prüfungsgespräch.

4.2.1 Themen

Die Themen für Ihre vier Vorschläge müssen Sie den Themenbereichen des Lehrplans Gemeinschaftskunde für die Kursstufe entnehmen. Die gewählten vier Themen müssen sich deutlich voneinander unterscheiden, aber sich nicht unbedingt an den Kurshalbjahren ausrichten – sie müssen mindestens zwei unterschiedlichen Lehrplaneinheiten entstammen. Auch ein im Unterricht ausführlich behandeltes Thema ist möglich – wobei aber nach den Klarstellungen des Kultusministeriums eine reine Reproduktion keine ausreichende Leistung darstellt, sondern solch ein Thema eine kreative und intelligente Weiterführung verlangt. Das Thema einer bereits gehaltenen GFS können Sie nicht als Themenvorschlag einbringen. Da Sie die Themen im Einvernehmen mit dem Kursleiter einreichen müssen und die Auswahl und Formulierung der Themen sehr anspruchsvoll ist, benötigt dies eine längere Vorlaufzeit. Ihr Kursleiter sollte Ihnen Kriterien zur Auswahl und Formulierung an die Hand geben und diese mit Ihnen durchsprechen. In den Handreichungen des Kultusministeriums finden sich für Gemeinschaftskunde folgende Kriterien, die Ihre Themenvorschläge neben dem Lehrplanbezug erfüllen sollten:

- **Aktualitätsbezug**,
- **angemessen komplex**,
- **kontrovers**, Problematisierung sowie Transfer muss möglich sein,
- Themen müssen Ihre **Methodenkompetenz aufzeigen**.

In Anbetracht dieser Vorgaben kann eine „Last-Minute"-Themenfindung leicht schiefgehen. Sie sollten deshalb schon frühzeitig und damit entspannt die Themenauswahl angehen. Warum nicht schon ein Ihnen sympathisch-interessantes Thema im Gemeinschaftskundeunterricht im Jahr vor Beginn der Kursstufe notieren und so abheften, dass Sie es auch wiederfinden? Spätestens ab dem ersten Semester der Kursstufe sollten Sie die Lehrplaneinheiten nach möglichen Themen abklopfen und einen Vorschlag auch gleich bei Ihrem Kursleiter ansprechen. Wichtig ist zusätzlich zu den oben genannten Kriterien, dass ein **Thema relativ stark eingegrenzt** (Ihre Präsentation ist auf etwa zehn Minuten beschränkt!) **und „spannend" formuliert** sein sollte, in der Regel als Frage. Ein ungeeignetes Thema wäre z. B. „Die Entwicklung des Parteiensystems in der Bundesrepublik Deutschland". Es ist zu umfangreich und verbleibt auf der reinen Beschreibungsebene. Das Thema „Schwarz-Grün – eine realistische Koalitionsoption auf Bundesebene?" ist genügend eingeschränkt, erlaubt eine interessante, erörternde Präsentation und ein spannendes Prüfungsgespräch.

Themen frühzeitig zu **finden** reicht aber noch nicht aus. Einerseits ist es ein viel zu großes Risiko, mit der Strukturierung, Recherche und Ausarbeitung erst nach der Mitteilung des ausgewählten Themas zu beginnen – die Zeit wäre mit großer Sicherheit viel zu knapp. Andererseits ist es unökonomisch, vier Themen schon weitgehend perfekt auszuarbeiten.

Sie sollten deshalb schon **weit im Vorfeld**, wenn Sie ein Thema gefunden und mit Ihrem Kursleiter vorbesprochen haben, eine **strukturierte**, **ausführliche Stichwortsammlung** entwerfen und **laufend** passende, aktualisierende, von Ihnen schon bearbeitete (z. B. in Thesen zusammengefasste) **Materialien** und präzise **Quellenverweise** zuordnen und „einlagern", sei es in einem realen Ordner und/oder in einem Dateiordner. Dann haben Sie zwei Wochen vor der Prüfung vier Themen mit inhaltlicher Strukturierung und dem notwendigen durchgearbeiteten Material zur Verfügung. So hat die noch zu leistende Ausarbeitung des ausgewählten Themas in etwa einer halben Woche sowie die Vorbereitung des anschließenden Prüfungsgesprächs ihren Schrecken verloren.

Abschließend möchten wir Ihnen noch an zwei Beispielen zeigen, wie Präsentationen nach Hauptstichwortpunkten gegliedert werden können. Sie orientieren sich an gelungenen Schülerpräsentationen.

Thema: Elternwahlrecht – eine Alternative zum Bundestagswahlrecht?
- Einstieg: Selbst gezeichnete Karikatur (Waage: zwei Single-Wähler haben dasselbe Gewicht wie Eltern mit drei Kindern)
- Übersicht über Präsentationsinhalt und -verlauf
- Wahlrecht zu den Bundestagswahlen und seine Probleme hinsichtlich der Repräsentation der Interessen von Eltern und Kindern/Jugendlichen
- Definition Elternwahlrecht
- Pro-Gründe, Kontra-Gründe
- Alternativen zum Elternwahlrecht
- Eigene Stellungnahme als Abschluss

Thema: Die Bundespräsidentenwahl 2012 und ihre Kandidaten

- Einstieg: Zeitungsberichte zur YouGov-Umfrage zur Direktwahl des Bundespräsidenten durch die Bürger
- Übersicht über Präsentationsinhalt und -verlauf
- Bundesversammlung und Wahlverfahren
- Kandidatenfindung und persönliche Einschätzung des Verfahrens
- Kurzporträt Kandidat Joachim Gauck
- Kurzporträt Vorgänger Christian Wulff
- Wahl und Wahlergebnis am 18. 3. 2012 mit Einschätzung
- Bezug auf die YouGov-Umfrage: Pro und Kontra zur Direktwahl des Bundespräsidenten in Bezug auf die Wahl 2012
- Abschluss: Amtseid des Bundespräsidenten, Gaucks Rede zum Amtsantritt

4.2.2 Die Präsentation

Dazu sagt die Vorschrift: „Eine Präsentation kann ohne Qualitätsverlust auch aus einem entsprechend vorbereiteten und gestalteten Vortrag bestehen." Ob dieser Hinweis für Sie persönlich ratsam ist, müssen Sie selbst entscheiden. Können Sie ohne Visualisierung, ohne Medienunterstützung sicherstellen, dass alles bei Ihrem Prüfungsausschuss so ankommt, wie Sie es sich vorgenommen haben? Deshalb wird in der Vorschrift auch eingeräumt, die Präsentation könne mediengestützt sein.

Übliche Techniken der Medienunterstützung werden weiter unten kurz skizziert. Eines sollten Sie aber nie aus dem Blick verlieren: Tragen Sie **adressatenorientiert** vor, d. h., wenden Sie sich an die Mitglieder des Prüfungsausschusses, sprechen Sie also nicht zum Bildschirm, zur Tafel, zum Flipchart, zur Projektionswand oder zur Folie auf dem Tageslichtprojektor. Sprechen Sie **im Stehen**, dies erleichtert Ihnen eine **angemessene Körpersprache** und **Dynamik**. Sprechen Sie **frei**, wenn möglich sogar ohne Karten oder ähnliche Blätter mit gegliederten Stichwörtern für Ihren Vortrag in der Hand. In der Hand können Sie evtl. einen Zeigestab/Laserpointer halten, den Sie für manche Formen der Medienunterstützung gut gebrauchen können. Eine kluge Medienunterstützung ermöglicht Ihnen das freie Sprechen, da Sie dort Ihren „roten Faden" ja vorfinden können. Natürlich können Sie Ihre Vortragsnotizen als eine Art Notnagel auf dem Tisch deponieren, aber Sie sollten sich nicht krampfhaft daran festhalten. **Lesen Sie auf keinen Fall ab.**

Hier soll auch noch auf **die Falle der reinen Aufzählung** in Ihrer Visualisierung hingewiesen werden. Wenn Sie nur Punkte untereinander auflisten, erschwert dies das Verständnis und zeigt Ihre mangelnde Fähigkeit, Zusammenhänge deutlich darzustellen. Die Erinnerung an gut gemachte Tafelanschriebe, aussagekräftige Folien oder gelungene Lernplakate Ihrer Lehrer und Mitschüler weist Ihnen den richtigen Weg.
Für das **abschließende Prüfungsgespräch** empfiehlt es sich, dass Sie sich an die Tischgruppe des Prüfungsfachausschusses setzen. So wird auch vom Arrangement her für eine hoffentlich gute Gesprächsatmosphäre gesorgt.

Medienunterstützung durch eine Tischvorlage

Solch ein Papier von ein bis maximal zwei Seiten wäre die einfachste Form der Medienunterstützung. So können Sie dafür sorgen, dass der Fachausschuss den Gang Ihres Vortrags verfolgen kann und Ihre wesentlichen Punkte schwarz auf weiß vor sich liegen hat. Denken Sie daran, mindestens drei Kopien mitzubringen, also für jedes Mitglied eine.

Medienunterstützung durch die Wandtafel/das Whiteboard

Sie können einen Sachverhalt durch eine knappe Tafelskizze verdeutlichen. Aber denken Sie daran, dass dies Zeit kostet, Zeit, während der Sie nun weniger oder nichts vortragen können. Außerdem brauchen Sie Erfahrung und eine ruhige und sichere Hand mit guter Darstellung – und Sie müssen das Ganze natürlich vorher gut geübt haben.

Alternativ können Sie von zu Hause plakatähnliche Papiere mit Ihren Visualisierungen mitbringen und vor oder während der Präsentation mit Magneten auf der Tafel anordnen. Dazu müssen Sie sich aber in der Vorbereitung ein Layout zurechtgelegt haben und vor der Prüfung ausprobieren, ob alles passt, die Magnete das Gewicht halten können und das Ganze gut, übersichtlich und aussagekräftig aussieht.

Medienunterstützung durch ein Flipchart

Die Methode hat den Vorteil, dass Sie schon zu Hause Blätter eines Flipchart-Blocks gestalten und diese zur Prüfung mitbringen können. Sie befestigen die Blätter dann auf dem schuleigenen Flipchart und schlagen sie entsprechend Ihrem Präsentationsgang um.

Neben einem Deckblatt mit dem Thema und einem Übersichtsblatt mit den Hauptaspekten sollten Sie für jeden dieser zentralen Aspekte ein Blatt beschriften und das Ganze mit einem Schlussblatt z. B. mit einer abschließenden These beenden. Achten Sie darauf, dass Sie die einzelnen Blätter nicht mit Schrift und/oder Grafik überfrachten und jedes Blatt übersichtlich (maximal sieben, besser weniger Punkte pro Blatt) und gut lesbar gestalten. Insgesamt lautet wie beim Folienvortrag die Empfehlung, bei einer zehnminütigen Präsentation mit **vier bis sechs Blättern (ohne Deck- und Schlussblatt)** auszukommen.

Medienunterstützung durch Karten auf einer Pinnwand

Diese Form ermöglicht Ihnen, farbige (Metaplan-)Karten zu Hause zu beschriften und während Ihrer Präsentation so an eine Pinnwand zu heften, dass sich ein gut strukturiertes Bild ähnlich einem Tafelanschrieb ergibt. Das Layout dazu müssen Sie natürlich in der Vorbereitung entwerfen und während Ihrer Präsentation im Kopf haben. Das Anheften der Karten müssen Sie vorher üben, sodass das gewünschte Gesamtbild zustande kommt.

Ein Problem ist auch, dass Sie die Nadeln mit Schwung und so gezielt einstechen müssen, dass die Karten nicht schräg wegkippen. Wenn Sie mit dieser Präsentationstechnik nicht vorher genügend Erfahrungen gesammelt haben, besteht die Gefahr, dass Sie sich zu sehr mit dem Anheften beschäftigen müssen und so der Ablauf Ihrer Präsentation gestört wird.

Medienunterstützung durch Folien (Tageslichtprojektor oder Präsentationssoftware)
Bei der Bundeszentrale für politische Bildung finden sich im Projekt „PlebisCity" geeignete Links, z. B.:
www.magic-point.net/fingerzeig/praesentation/ praesentation.html.
Eine gute Darstellung dieser Präsentationstechnik finden Sie auch auf der folgenden Internetseite der ETH Zürich:
www.vs.inf.ethz.ch/publ/slides/seminarvortraege.pdf.

Einige **wichtige Ratschläge** möchten wir aus unserer Erfahrung heraus geben. Führen Sie nicht die berüchtigte „Folienschlacht" durch. Als Richtschnur gilt: **Pro Folie etwa zwei Minuten sprechen**, sodass Sie **ohne Einstiegs- und Schlussfolie vier bis sechs Folien** verwenden können. Wenn Sie diese für den Tageslichtprojektor erstellen, verwenden Sie am besten das Querformat mit breitem Rand rechts und links. Dieses passt besser auf die Auflagefläche des Tageslichtprojektors als das Hochformat. Schreiben Sie auch die Folien für den Tageslichtprojektor möglichst mit einer Präsentationssoftware. So stimmen die Maße automatisch und die **Schriftgröße** wird richtig (**in keinem Falle zu klein**!) gewählt.
Ähnlich den Flipchart-Blättern sollten Sie bei einer folienunterstützten Präsentation pro Folie maximal sieben, besser weniger Punkte unterbringen. Noch ein Hinweis für den Vortrag mit dem Tageslichtprojektor: Das auch „Striptease-Technik" genannte allmähliche Aufdeck-Verfahren ist „out", da die Folien nur wenige Punkte enthalten sollen und diese dann nicht versteckt zu werden brauchen. Das Hantieren mit Abdeckmaterial wirkt meist auch wenig souverän. Entweder Sie zeigen kurz mit einem Zeigestab auf die gewünschte Stelle an der Projektionswand oder Sie legen einen Kugelschreiber oder eine kleine Zeigehand auf diese Stelle der Folie.
„Haben Sie PowerPoint oder haben Sie etwas zu sagen?" lautet ein wenig schmeichelhaftes Bonmot über die bekannte Präsentationssoftware. Dies ist eine begründete Warnung davor, sich technischen Spielereien hinzugeben, ohne auf den Inhaltsbezug und die Adressatenorientierung zu achten. Wir haben aber bereits so viele famose Schülerpräsentationen mit PowerPoint oder einer anderen Präsentationssoftware erlebt, dass wir den Erfahrenen unter Ihnen auf keinen Fall davon abraten wollen. Gerade diese Präsentationstechnik erlaubt es, komplexe Zusammenhänge oder schwierige Erläuterungen kompetent zu visualisieren.

Abschließend zu allen Techniken der Medienunterstützung möchten wir noch darauf hinweisen, dass Sie Ihre gewählte Technik auf jeden Fall rechtzeitig mit Ihrem Kursleiter besprechen müssen. Auch die bestvorbereitete Präsentation kann zu einer mittleren Katastrophe werden, wenn ein wichtiges Hilfsmittel fehlt oder gar die Technik (z. B. Beamer, Notebook) nicht funktioniert. Als allerletztes „Muss" dürfen Sie die **Quellenangaben** nicht vergessen. Am besten geben Sie diese – völlig unabhängig von der gewählten Präsentationsform – auf einem gesonderten Blatt den Fachausschussmitgliedern.

4.3 Die Beurteilung der Präsentation

Da Sie eine längere und eigenständige Vorbereitungszeit haben, sind nach der Vorschrift höhere Maßstäbe als in der mündlichen Zusatzprüfung anzusetzen. Bewertet werden Inhalt und Präsentation mit einer gemeinsamen Note, wobei bei mangelhafter Fachkompetenz keine ausreichende Note mehr erteilt werden kann. In der Vorschrift und den Handreichungen zur Beurteilung werden beispielhaft einige Kriterien zur Beurteilung aufgeführt. Es ist aber durchaus möglich, dass in den Schulen eigene Kriterienkataloge zur Beurteilung entwickelt werden. Bitte fragen Sie Ihren Kursleiter danach. Im Anschluss an diese Einführung finden Sie Beispiele, die am Ernst-Sigle-Gymnasium Kornwestheim bzw. am Theodor-Heuss-Gymnasium Esslingen entwickelt worden sind.

4.4 Training

Ohne Erfahrung werden Sie kaum in der Lage sein, eine erfolgreiche Präsentation zu bieten. Deshalb sollten Sie nicht nur eine Ihrer GFS in Gemeinschaftskunde durchführen, sondern auch sonst die Präsentation im Gemeinschaftskundeunterricht und in den anderen gesellschaftswissenschaftlichen Fächern üben. Besonders wichtig ist es für Sie, ein Gefühl dafür zu entwickeln, wie umfangreich eine Präsentation von etwa zehn Minuten Dauer sein muss. Lassen Sie sich auch nicht dazu verführen, Ihre Präsentation von einem möglicherweise entstandenen „Präsentationsmarkt“ zu beziehen. Dies ist ohne Quellenangabe ein Täuschungsvorgang und hält dem Prüfungsgespräch bestimmt nicht stand. Von daher gilt: Trainieren Sie Ihre Präsentationskompetenz und erarbeiten Sie Ihre Präsentationen selbst, dann haben Sie die richtige Grundlage für einen Erfolg schon gelegt.

Abschließend, liebe Schülerinnen und Schüler, hoffen wir, dass wir Ihnen mit der Einführung und den Klausuren weiterhelfen können. Wir wünschen Ihnen Freude im und Interesse am Gemeinschaftskundeunterricht und viel Erfolg bei Ihrer Abiturprüfung.

Raster für die Bewertung von Schülerpräsentationen (5. Prüfungsfach)

Präsentation	2 RP	1,5 RP	1 RP	0,5 RP 0 RP
	Regeln der freien Rede beachtet, flüssig, fast frei, fast fehlerlos, sehr gut verständlich	Regeln der freien Rede beachtet, z. T. manuskriptabhängig, noch frei, kleinere Fehler/Schwächen, aber verständlich	manuskriptabhängig, jedoch mit sinnvollen Pausen, viele Fehler, schwer verständlich	manuskriptabhängig, stockend, grobe Verstöße gegen Grammatik und Aussprache, kaum verständlich
Aufbau	1,5 RP	1 RP	0,5 RP	0 RP
	zielgerichtet, klar und logisch, Gliederung vorgelegt	sinnvoller Aufbau deutlich erkennbar, aber nicht konsequent durchgeführt, Gliederung fehlt	Gesichtspunkte aneinandergereiht, keine Struktur erkennbar	diffus
Umfang	1 RP	0,5 RP	0 RP	
	ausgewogen, angemessen, Verteilung/Darbietung/Beurteilung korrekt	Länge und Urteilsbereich angemessen	Länge nicht angemessen	
Medien	1,5 RP	1 RP	0,5 RP	0 RP
	guter, themenangemessener Einsatz, Thesenpapier korrekt, Technik beherrscht	Medien angemessen eingesetzt, Technik in etwa beherrscht, Thesenpapier mit Mängeln	Medien als Krücke, Technik überdeckt Inhalte, Thesenpapier fehlt	falsch/nicht eingesetzt
Inhalt	9 RP 8 RP 7 RP	6 RP 5 RP	4 RP 3 RP	2 RP 1 RP 0 RP
	– fachwissenschaftlich korrekt – alle wesentlichen Aspekte behandelt – Informationen präzise – erkennbare Urteilskategorien – differenzierte Begründung – deutlich erkennbare Eigenständigkeit	– fachwissenschaftlich in etwa korrekt – wesentliche Aspekte behandelt – Informationen in etwa korrekt – einige erkennbare Urteilskategorien – etwas einseitige Begründung – noch erkennbare Eigenständigkeit – „Abschreiben“ denkbar	– nur z. T. fachwissenschaftlich korrekt – wesentliche Aspekte nicht behandelt – Informationen ungenau – z. T. erkennbare Urteilskategorien – undifferenzierte Begründung – Eigenständigkeit fragwürdig	– fachwissenschaftlich inkorrekt – Thema verfehlt – Informationen ungenau, erkennbar fehlerhaft – Verbreitung von Vorurteilen/Pauschalisierungen – Begründung diffus, unlogisch – Eigenständigkeit nicht erkennbar
RP-Addition **= Notenpunkte**	15 14 13 12	11 10 9 8	7 6 5 4	3 2 1 0 NP

Quelle: ESG Kornwestheim 2003

Hinweise zur Mündlichen Abiturprüfung (Präsentationsprüfung) in den gesellschaftswissenschaftlichen Fächern (G, Ek, Gk, Wi, Rel, Eth)

Themenfindung und Beratung

Die Prüfungskandidaten werden bei der Findung und Formulierung der vier Prüfungsthemen, die spätestens zwei Wochen vor der Prüfung schriftlich vorzuliegen haben, von der jeweiligen Fachlehrkraft beraten.

Präsentation

- Ein zusammenhängender zehnminütiger Vortrag, der mediengestützt (Folie, Wandtafel, PowerPoint, Tischvorlage etc.) sein kann.
- Freie Rede auf der Grundlage von Stichworten (und kein Vorlesen von PowerPoint-Präsentationsfolien).
- Foliengeeignete Inhalte sind z. B. Leitfragen, Gliederungen, Strukturschemen, Thesen, Grafiken und Statistiken.
- Bei mediengestützter Präsentation muss für den Notfall eine medienarme Präsentation (OH-Folien) eingeplant sein.
- Wichtige Inhalte der Präsentation sind: Vorgehensweise, Ergebnisse (Kernaussage, Quintessenz, Beantwortung der Leitfrage) und etwaige Schwierigkeiten und Probleme bei der Realisation.
- Eine strukturierte Darstellung sollte enthalten: Problemstellung, gegliederte Darstellung, Lösungen, Bewertungen, zusammenfassender Schluss.
- Eine gute Präsentation verliert sich nicht im Detail, sondern betont und stellt das Wesentliche heraus, wobei ein roter Faden sichtbar sein sollte.
- Die Vortragszeit von max. zehn Minuten ist unbedingt einzuhalten.

Prüfungsgespräch (Kolloquium)

Alle Lernzielebenen (Wissen, Verstehen, Urteilen) finden Berücksichtigung. Es können auch Lehrplaninhalte angesprochen werden, die im Kontext des gewählten Themenbereichs liegen. Im Mittelpunkt des Gesprächs stehen v. a. zwei Anliegen: Zum einen wird der „Erst-Eindruck“ der Präsentation überprüft (Abgleich des Kenntnis- und Abstraktionsniveaus), zum anderen geht es um eine inhaltliche Erweiterung des thematischen Umfelds (Nachweis der Breite und nicht der Tiefe des Gelernten).

Mit folgenden Fragen ist demnach zu rechnen:

- Fragen zur kognitiven Verarbeitungstiefe (Verständnisfragen)
- Fragen zur Informationsbeschaffung (Quellen)
- Fragen zur Transferfähigkeit (Querverbindungen, Anwendungen etc.)
- Fragen zum methodischen Vorgehen (Methodenbegründung, mögl. Alternativen)
- Fragen zu einzelnen Gestaltungselementen (Grafik, Bilder etc.)
- Fragen zur personalen Kompetenz (Kritikfähigkeit, Hinterfragen des eigenen Standpunkts, Wertereflexion etc.)

Beurteilungskriterien

Vier Kategorien finden fachübergreifend Anwendung:
Inhalt, Methoden/Medieneinsatz, Aufbau/Gliederung, Personale Kompetenzen

Mündliches Abitur – Präsentationsprüfung

Fach: .... **Name:** ....
Thema: ....

☐ Im Unterricht behandelt ☐ Unterrichtsnahe Thematik ☐ Nicht behandelt

	15/14/13	12/11/10	9/8/7	6/5/4	3/2/1
Inhaltlicher Bereich					
Informationsgehalt (angemessene Komplexität, inhaltliche Breite und Tiefe)					
Sachliche Richtigkeit					
Begrifflichkeit/Fachsprache/Verständlichkeit					
Beschränkung auf das Wesentliche (Auswahl, exemplarische Darstellung, Elementarisierung)					
Quellen: Herkunft, Qualität, Authentizität, Quellenkritik					
Aufbau/Gliederung					
Inhaltsübersicht am Anfang					
Gliederung/Struktur (Logik, Problemstellung, Leitfrage)					
Einstieg (Kreativität)					
Schluss (Quintessenz)					
Methodischer Bereich					
Medieneinsatz (sinnvoll/angemessen/ökonomisch)					
Veranschaulichung (Bilder, Grafiken)					
Foliengestaltung (Lesbarkeit, Sprache, Textmenge, Folientext/gesprochenes Wort)					
Personale Kompetenz					
Freie Rede (Verständlichkeit, Tempo, Lautstärke)					
Körpersprache (Gestik, Mimik, Blickkontakt)					
Zeitmanagement					
Urteils-/Reflexionsvermögen (Inhalt, Methoden)					
Dialog-/Kritikfähigkeit (Hinterfragen des eigenen Standpunkts)					

Besondere Schwächen: ....
Besondere Stärken: ....
Notenvorschlag Fachlehrer:
Protokollführer: **Ergebnis: NP**
Vorsitz:

Quelle: Hans Gaffal – Theodor-Heuss-Gymnasium Esslingen 2004

Abiturprüfung Gemeinschaftskunde – Baden-Württemberg
Übungsaufgabe 1: Wirtschaftliche Dynamik und Wirtschaftspolitik

Leitthema: Grenzen des Wachstums – Hat die Soziale Marktwirtschaft sie schon erreicht?

Kontextualisierung: In der politischen und wissenschaftlichen Diskussion der zurückliegenden Jahre ist die Frage nach dem Wirtschaftswachstum als Maßstab ökonomischen Erfolgs neu gestellt worden. Dies hat auch Folgen für das Verständnis und die Ausgestaltung der Sozialen Marktwirtschaft.

Aufgaben:

1. Arbeiten Sie aus M 2 heraus, welche Argumente die Autoren „Wachstumspessimisten" (Z. 2 f.) entgegenhalten. — 8 VP
2. Vergleichen Sie die Aussagen der Autoren von M 2 und M 3. — 12 VP
3. Der Umweltschutz wurde 1994 als Staatszielbestimmung ins Grundgesetz aufgenommen.
   Erläutern Sie, welche Aussagen das Grundgesetz zur Wirtschaftsordnung trifft. — 10 VP
4. Die Autoren von M 2 sprechen von der „offiziellen Wirtschaft" (Z. 32) im früheren Ostblock.
   Erklären Sie, weshalb diese Wirtschaftsform gescheitert ist. — 10 VP
5. Erörtern Sie die Grenzen staatlichen Handelns in der Sozialen Marktwirtschaft.

   oder

   Ein Mitglied einer Umweltschutzorganisation und eine Vertreterin eines Industrieverbands diskutieren kontrovers über die Grenzen staatlichen Handelns in der Sozialen Marktwirtschaft.
   Gestalten Sie dieses Streitgespräch. — 20 VP

60 VP

M 1 Grundgesetz

M 2 Kai Carstensen/Karl-Heinz Paqué, Ist Wirtschaftswachstum schädlich?

Viele deutsche Intellektuelle warnen vor Wirtschaftswachstum: Die Apokalyptiker glauben, es führe in die ökologische und soziale Katastrophe. Die Wachstumspessimisten behaupten, Wirtschaftswachstum sei in einer alternden Gesellschaft auf längere Sicht unmöglich. Den Pessimisten kommen schon die

Fakten in die Quere. Die Gesellschaft altert seit Jahrzehnten, die deutsche Wirtschaft wächst aber munter weiter. Trotz der Konjunkturflaute nach 2001 und der tiefen Rezession 2009 legte das Bruttoinlandsprodukt auch im neuen Jahrhundert im Durchschnitt um 1,3 Prozent im Jahr zu. Das sieht nicht wie eine Wachstumskrise aus. […]

Ganz offensichtlich erleichtert Wachstum die Haushaltskonsolidierung. Seit 2005, als die Arbeitsmarkt-Reformen zu greifen begannen und die deutsche Wirtschaft Wettbewerbsfähigkeit zurückgewonnen hat, nahmen die Steuereinnahmen von 476 auf 618 Milliarden Euro zu, also um knapp ein Drittel, der Löwenanteil davon wachstumsbedingt. So konnte Deutschland die staatlichen Budgets ausgleichen, ohne in großem Stil öffentliche Leistungen zu kürzen. Keiner der Wachstumsgegner hat diese Entwicklung bedauert. […]

Wachstum ist aber mehr als ein Vehikel zur Erfüllung der Schuldenbremse. In Ländern wie Deutschland speist es sich primär aus einer kontinuierlichen Zunahme des marktfähigen Wissens, das sich in steigender Arbeitsproduktivität ausdrückt – in der Größenordnung von bislang etwa 1,5 Prozent im Jahr. Ein Stillstand träte nur ein, wenn unseren Fachkräften, Ingenieuren und Unternehmern buchstäblich nichts mehr einfiele, wie man Produkte und Prozesse nach Marktverhältnissen und Technologie verbessert, umgestaltet oder differenziert. Ein solches Versiegen der Innovationskraft ist natürlich denkbar, zumal in einer alternden Gesellschaft. Wahrscheinlich ist es allerdings nicht, solange der Staat Innovationen nicht verhindert, denn die Menschen sind von sich aus sehr kreativ. Und wünschenswert ist es erst recht nicht, denn was ist eigentlich attraktiv an einer Gesellschaft, der nichts mehr einfällt?

Solche Gesellschaften hat es tatsächlich schon gegeben: in Osteuropa zur Zeit des Sowjetsozialismus. Wachstum gab es nur in Nischen – vom privaten Gemüsegarten hinter der Datsche bis zur häuslichen Handwerksleistung mit kreativ beschafften Materialien. Die Leistung in der offiziellen Wirtschaft war oft mehr Wertzerstörung als Wertschöpfung, zumindest bewertet mit Weltmarktpreisen.

Aus: Kai Carstensen/Karl-Heinz Paqué, Ist Wirtschaftswachstum schädlich?, in: FAZ vom 25. 2. 2013

M 3 Nico Paech, „Grünes“ Wachstum wäre ein Wunder

Wer glaubt, das Bruttoinlandsprodukt (BIP) könne ohne zusätzliche Umweltschädigung immer weiter wachsen, muss an zwei Wunder glauben: an die ökologische Unbedenklichkeit zunehmenden Konsums und an die Unschädlichkeit wachsender Produktion. Beides ist schwer vorstellbar, denn ein wachsendes BIP ist ohne eine zusätzliche Warenproduktion nicht möglich. Zugleich lässt wirtschaftliches Wachstum das verfügbare Einkommen von mindestens einem Teil der Bevölkerung steigen, woraus zusätzlicher Konsum entsteht. Beides, Produktion wie Konsum, verbrauchen Ressourcen oder belasten die Umwelt.

Welche Güter oder Dienstleistungen, mit denen Anbieter Geschäfte machen und für deren Erwerb Kunden bereit sind zu zahlen, könnten so beschaffen sein, dass ihre Produktion, ihre Nutzung und ihre Entsorgung weder Fläche, noch Energie, noch andere Ressourcen verbrauchen? Passivhäuser, Elektromobile, Ökotextilien, Photovoltaikanlagen, Bio-Nahrungsmittel, Stromleitungen, Blockheizkraftwerke, solarthermische Heizungen, Cradle-to-cradle-Getränkeverpackungen, Carsharing- oder Internet-Dienstleistungen: Sie alle erfüllen diese Bedingung nicht. Ohne physischen Aufwand sind sie nicht zu haben.
Das gilt auch für digitale Technologien und Services, deren oft beschworener Dematerialisierungseffekt nicht eingetreten ist. Stattdessen verursachen sie eine nie dagewesene Elektroschrottlawine und verbrauchen Unmengen an fossilen Ressourcen, Mineralien, Seltenen Erden und Metallen. Auch wenn das, was der Kunde kauft, per Mausklick übertragen wird, in Form von virtuellen Datenpaketen: An den End- und Anfangspunkten der Warenkette bedarf es einer umso massiveren Ausstattung mit materiellen Maschinen, um die Kundenwünsche erfüllen zu können.

Aus: Nico Paech, „Grünes“ Wachstum wäre ein Wunder, in: Die Zeit vom 21. 6. 2012

M 4 Tomicek, 21. 12. 2011

Quelle: Wirtschaftsrat Deutschland, http://www.trend-zeitschrift.de/2011/12/21/mehr-privat-fur-einen-starken-staat-%E2%80%93-chance-fur-burger-kommunen-und-unternehmen/

M 5 Wirtschaftswachstum in Deutschland gegenüber Vorjahr in %

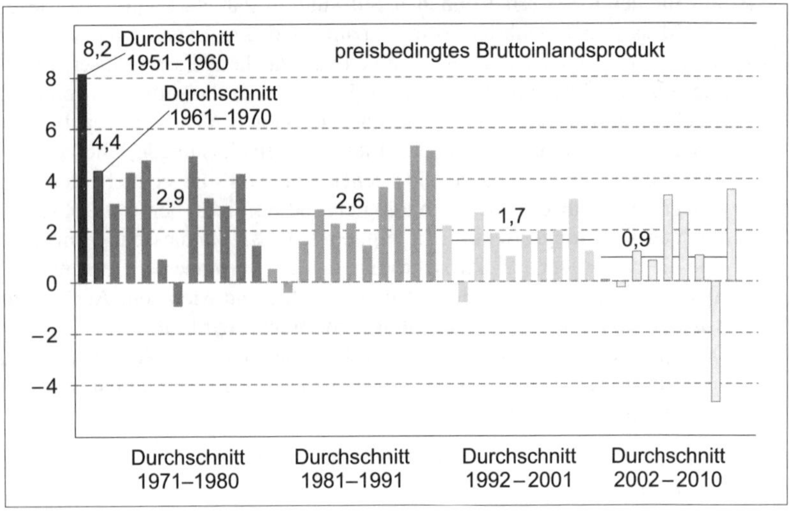

Nach: www.boerse.de/konjunktur/infografiken/wirtschaftswachstum-deutschland-157

M 6 Die Grenzen des Wachstums

M 7 Entwicklung der Pro-Kopf-Staatsverschuldung in Deutschland (in Euro, jeweils zum 31. 12.)

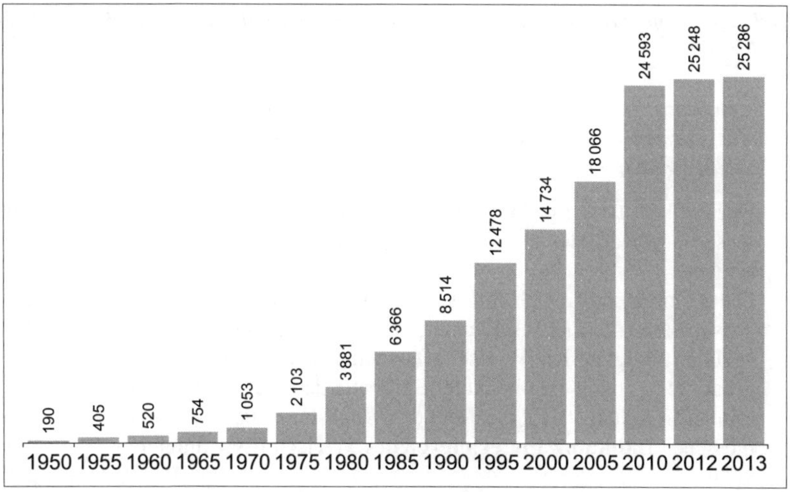

Grafik nach: Bund der Steuerzahler Deutschland e. V., Daten: Statistisches Bundesamt, 27. 1. 2014

Lösungsvorschlag

Die Lösungsvorschläge stellen nur eine mögliche Antwort dar. Andere Lösungsmöglichkeiten sind zugelassen, wenn sie der Aufgabenstellung entsprechen und sachlich richtig sind.

1. *„Herausarbeiten" bedeutet hier, dass dem Text Argumente zu entnehmen sind, die Carstensen und Paqué den Wachstumskritikern entgegenhalten. Die Textwiedergabe hat die geforderten formalen Kriterien zu erfüllen.*

Der Artikel „Ist Wirtschaftswachstum schädlich?" von Kai Carstensen und Karl-Heinz Paqué ist am 25. 2. 2013 in der FAZ erschienen. Quellenangabe

Die Autoren setzen sich mit den Argumenten der „Wachstumspessimisten" (Z. 2 f.) auseinander, die vor den **ökologischen und sozialen Folgen des Wirtschaftswachstums** warnen. Hintergrund des Artikels ist die aktuelle Debatte darüber, ob das Bruttoinlandsprodukt (BIP), das Maß des Wachstums, noch als angemessener **Indikator für erfolgreiches Wirtschaften** fungieren kann. Kurzzusammenfassung, Kontext

Carstensen und Paqué wenden sich gegen eine apokalyptische Perspektive (vgl. Z. 1 f.) und verteidigen das herkömmliche Verständnis von Wirtschaftswachstum gegen dessen Kritiker. Die Autoren widerlegen die Behauptung, der **demografische Wandel** und die alternde Gesellschaft als dessen Folge machten kontinuierliches Wachstum ohnehin unmöglich. Denn seit 2000 habe die deutsche Wirtschaft um durchschnittlich 1,3 % im Jahr zugelegt, obwohl die konjunkturellen Einbrüche nach 2001 und durch die Finanz- und Wirtschaftskrise zu Einbußen führten (vgl. Z. 6 ff.). Argumentation der Autoren: Notwendigkeit von Wachstum

Des Weiteren nutze ökonomisches Wachstum der „**Haushaltskonsolidierung**" (Z. 10). Die Autoren belegen dies anhand der seit 2005 um ein knappes Drittel gestiegenen Steuereinnahmen. Somit sei Deutschland in der Lage gewesen, die öffentlichen Haushalte zu sanieren, ohne im Gegenzug massiv „öffentliche Leistungen zu kürzen" (Z. 15).

Im Übrigen resultiere Wirtschaftswachstum beinahe automatisch aus der „kontinuierlichen Zunahme des marktfähigen Wissens" (Z. 18 f.), welche die **Arbeitsproduktivität** jährlich um 1,5 % steigen lasse. Der Staat müsste **Innovationen** geradezu verbieten, um wissensbasiertes Wachstum zu verhindern, was jedoch weder denkbar noch wünschenswert sei.

Schließlich ziehen die Autoren die Erfahrungen mit der **Planwirtschaft** in Osteuropa heran, um ihre Ansicht zu untermauern, dass eine Wirtschaft ohne Wachstum in „Wertzerstörung" (Z. 33) münde.

2. *Hier sollen Sie die in beiden Artikeln vorgebrachten Argumente gegenüberstellen. Auf die Quellenangabe zu M 2 können Sie hier verzichten, da diese bereits Bestandteil der ersten Teilaufgabe ist. Am Ende muss ein Fazit formuliert werden, das den Unterschied in der Argumentation auf den Punkt bringt.*

Der Artikel „,Grünes' Wachstum wäre ein Wunder" von Nico Paech ist am 21. 6. 2012 in der „Zeit" erschienen. Quellenangabe

Der Autor erteilt jeder Hoffnung auf ein Wirtschaftswachstum „**ohne zusätzliche Umweltschädigung**" (M 3, Z. 1 f.) eine Absage. Paech führt zur Stützung seiner These zwei Argumente an. Erstens werde der **wachsende Konsum** ökologisch kaum unbedenklich sein, denn ein Anstieg des BIP setze „eine zusätzliche Warenproduktion" (Z. 5) voraus. Zudem steige mit dem höheren BIP gleichzeitig das **verfügbare Einkommen** der Konsumenten, welches wiederum in ökonomischem Wachstum resultiere. Zweitens müsse man an ein „Wunder" (Z. 2) glauben, wenn man eine Produktionssteigerung ökologisch unschädlich gestalten möchte. Denn selbst die in der Nutzung umweltfreundlichen Passivhäuser und Elektromobile etc. (vgl. Z. 12 ff.) könnten nur unter Einsatz endlicher **Ressourcen** produziert werden. Argumentation des Autors: „grünes" Wachstum ist illusorisch

Paech bestreitet im Übrigen, dass die Digitalisierung des Alltags einen ressourcenschonenden „**Dematerialisierungseffekt**" (Z. 18) mit sich bringe. Die Hardware hinterlasse nicht nur eine „Elektroschrottlawine" (Z. 19), die Produktion verschlinge bereits „Unmengen an fossilen Ressourcen" (Z. 19 f.). Die Virtualisierung des Konsums dürfe also keinesfalls darüber hinwegtäuschen, dass die Warenkette nach wie vor eine **materielle Basis** besitze.

Während die Autoren von M 2 Wachstum geradezu als unabdingbare Voraussetzung erfolgreichen Wirtschaftens betrachten und es sogar implizit zu einem **Merkmal freier Gesellschaften** erheben (vgl. M 2, Z. 29 ff.), knüpft Paech an die Debatten über „grünes" Wachstum an und stellt dieser Zukunftsvision nachhaltigen Wirtschaftens ein schlechtes Zeugnis aus. Paechs Artikel versucht nämlich, die in M 2 formulierte These von der **Unausweichlichkeit** des Wachstums weiterzudenken: wenn schon Wachstum, dann auf der Grundlage ökologischer Produktionsprozesse. Ähnlich wie die Autoren von M 2 jedoch geht Paech von einer gewissen Zwangsläufigkeit aus, denn in seinen Augen bedingen sich steigender Konsum und wirtschaftliches Wachstum wechselseitig. Das heißt im Umkehrschluss, dass im Grunde nur ein **Konsumverzicht** den Verbrauch endlicher Ressourcen drosseln und mithin nachhaltiges Wachstum ermöglichen könnte. Vergleich mit M 2

Carstensen und Paqué sehen im Wirtschaftswachstum die Lösung für verschiedene Probleme, Paech hingegen identifiziert Fazit des Vergleichs ungebrochenes Wachstum als Ursache von Problemen, die sich auch nicht dadurch lösen ließen, dass dem Wachstum gewissermaßen ein grüner Anstrich verpasst wird.

3. *„Erläutern" verlangt hier, die Festlegungen des Grundgesetzes zur Wirtschaftsordnung zu beschreiben und zu erklären sowie anhand des Grundgesetzes (M 1) zu belegen.*

Einstieg: „Soziale Marktwirtschaft" im Grundgesetz?

Die Soziale Marktwirtschaft wird als solche nicht im Grundgesetz erwähnt. Doch einzelne Verfassungsnormen legen eine **staatlich gebundene Wirtschaftsform** nahe, die sich sowohl von einer freien Marktwirtschaft als auch von einer staatlich dominierten Planwirtschaft abgrenzt.

Deutung einzelner Grundgesetzartikel: Beschreibung der Wirtschaftsordnung

Das Recht auf **freie Entfaltung der Persönlichkeit** (Art. 2 GG) lässt sich in Verbindung mit dem „Recht, Beruf, Arbeitsplatz und Ausbildungsstätte frei zu wählen" (Art. 12 (1) GG) und dem Recht auf **Freizügigkeit** (Art. 11 GG) nicht mit einem planwirtschaftlichen System in Einklang bringen, in dem beispielsweise eine politisch motivierte Zuweisung von Arbeitsplätzen bzw. das Verbot der Ausreise den Alltag prägen.

Die **Vereinigungs- und Koalitionsfreiheit** (Art. 9 GG) stellt sicher, dass die Wirtschaftssubjekte Vereinigungen gründen können, z. B. Gewerkschaften oder Arbeitgeberorganisationen, die unabhängig von staatlicher Lenkung die Arbeitsbedingungen aushandeln.

Art. 14 GG garantiert das **Eigentums- und Erbrecht**, legt aber zugleich fest, dass „Eigentum verpflichtet" (Abs. 2). Wenn es das Allgemeinwohl gebietet, z. B. bei bedeutsamen Infrastrukturprojekten, darf eine Enteignung vorgenommen werden, die freilich rechtsstaatlichen Maßstäben unterliegt und für die Entschädigung geleistet wird. Das Eigentumsrecht ist von übergeordneter Bedeutung für eine im Kern marktwirtschaftliche Ordnung, da nur auf seiner Grundlage Investitionen und langfristige Entwicklungen denkbar sind.

Von der in Art. 15 GG niedergelegten Möglichkeit der **Vergesellschaftung** von „Grund und Boden, Naturschätze[n] und Produktionsmittel[n]" wurde bislang nicht Gebrauch gemacht. Sie zeigt jedoch, dass die Autoren unserer Verfassung durchaus eine gemischte Wirtschaft ins Auge fassten.

Noch deutlicher wird dies in Art. 20 GG. Gemäß Abs. 1 ist die Bundesrepublik „ein demokratischer und **sozialer Bundesstaat**". Letztere Bestimmung gilt als Fundament einer sozialstaatlichen Einhegung der Marktdynamik, der – im Gegensatz zu einer liberalen Wirtschaftstheorie – nicht die Lösung sozialer Probleme anvertraut wird.

Art. 20a GG trägt dem Staat auf, „auch in Verantwortung für die künftigen Generationen die **natürlichen Lebensgrundlagen**" zu schützen. Das Prinzip der Nachhaltigkeit genießt damit Verfassungsrang.

Bezugnahme auf die Aufgabenstellung

4. *Zu Beginn sollten Sie den Begriff der offiziellen Wirtschaft definieren, um anschließend den Zusammenhang zwischen diesem Wirtschaftssystem und dessen Scheitern verständlich zu machen.*

Begriffsdefinition, Merkmale der Planwirtschaft

Das in M 2 genannte System der „offiziellen Wirtschaft" (Z. 32) ist das der Plan- bzw. Zentralverwaltungswirtschaft. Es ist mit dem **Untergang des Ostblocks** 1989/90 in Europa verschwunden. Der Untergang des Ostblocks wiederum, welcher sich in seiner ökonomischen Ausprägung als Rat für gegenseitige Wirtschaftshilfe (RGW) konstituiert hatte, ist ursächlich mit dem Scheitern der Planwirtschaft verbunden. Definierendes Merkmal der Planwirtschaft war die Übernahme der **Koordination wirtschaftlicher Aktivitäten** durch den Staat. Diese sollten nicht dem freien Spiel marktwirtschaftlicher Kräfte überlassen werden. Daraus ergab sich die Notwendigkeit, das **Privateigentum an Produktionsmitteln abzuschaffen** und diese in staatliches bzw. genossenschaftliches Eigentum („Volkseigentum") zu überführen. Eine zentrale Planungsbehörde sollte die ökonomischen Einheiten koordinieren und Wirtschaftspläne entwickeln, die Produktionsvorgaben und **staatlich fixierte Preise** enthielten. Zwischen den staatlichen Betrieben herrschte **keine Konkurrenz**, die Arbeitsplätze waren garantiert.

Ursachen für das Scheitern

Die Merkmale der sozialistischen Zentralverwaltungswirtschaft deuten bereits auf die Ursachen ihres Scheiterns hin. An die Stelle des punktuellen Marktversagens trat das umfassende **Staatsversagen**, da die staatliche Planungsbehörde – nicht zuletzt aufgrund unzureichender oder geschönter Informationen – mit den ihr übertragenen Aufgaben überfordert war. Eine am Bedarf orientierte, flexibel auf geänderte Rahmenbedingungen reagierende Produktion war angesichts starrer, zum Teil politisch motivierter Vorgaben nur ansatzweise möglich. Die Folgen waren **Mangelwirtschaft** und politische **Unzufriedenheit**. Die **Planerfüllung** war oberstes Gebot. Das Fehlen von Privateigentum und Konkurrenz sowie die geringe Lohnspreizung verhinderten, dass genügend **Anreize** gesetzt wurden, **Produktivitätsfortschritte** zu erzielen, die jedoch notwendig gewesen wären, um am Weltmarkt (vgl. M 2, Z. 33 f.) erfolgreich agieren zu können. Erfolge am Weltmarkt hätten andererseits den chronischen **Devisenmangel** der Planwirtschaften verringert und den Schuldendienst erleichtert.

5. *Sie können bei dieser Teilaufgabe zwischen zwei Varianten wählen. Das klassische „Erörtern“ verlangt hier von Ihnen, das Für und Wider staatlicher Eingriffe in die Marktwirtschaft abzuwägen. Dabei ist die Perspektive unterschiedlicher Akteure zu berücksichtigen.*
Wenn Sie sich für das Streitgespräch entscheiden, ist dieses zunächst kurz einzuleiten. Im Dialog selbst müssen Sie dann die jeweiligen Standpunkte – wie bei der Erörterung auch – mithilfe von Argumenten und Belegen stützen. Beide Dialogpartner müssen jeweils auf die Gegenseite eingehen, dürfen ihre Argumente also nicht rein additiv arrangieren.
In beiden Aufgabenstellungen wird nicht explizit auf die Materialien verwiesen. Deshalb können alle Materialien zur Bearbeitung der Aufgabe herangezogen werden. Folgende Aspekte eignen sich für eine Problematisierung:

Einstieg: Hinweis auf Kontroverse

Die Grenzen staatlichen Handelns in der Sozialen Marktwirtschaft sind seit jeher umstritten und Gegenstand wissenschaftlicher und politischer Kontroversen. Diese werden dadurch verschärft, dass unterschiedliche Akteure – Haushalte, Unternehmen, Staat – zum Teil **verschiedene Interessen** verfolgen.

Pro-Argumente: Wettbewerbssicherung

Für das Eingreifen des Staates spricht die Erhaltung einer funktionsfähigen **Wettbewerbsordnung**, die z. B. durch Monopole gefährdet würde. Das 1957 verabschiedete **Gesetz gegen Wettbewerbsbeschränkungen**, dessen Anwendung dem Bundeskartellamt, dem Bundeswirtschaftsministerium und inzwischen auch der Europäischen Kommission obliegt, trägt diesem Ziel Rechnung. Mithilfe des **Kartellverbots** und der **Fusionskontrolle** soll verhindert werden, dass das Leistungsprinzip, die Orientierung der Produktion an den Bedürfnissen der Konsumenten und die Durchsetzung technologischer Innovationen hintertrieben werden.

Bekämpfung von Marktversagen

Ein weiteres Argument für staatliche Eingriffe in die Marktwirtschaft ist die Bekämpfung von **Marktversagen**. Die Gründungsväter der Sozialen Marktwirtschaft wollten eine Marktwirtschaft, aber keine Marktgesellschaft. Marktversagen zeigt sich beispielsweise an einer massiven **Ungleichverteilung** von Einkommen und Wohlstand. Um soziale Härten abzufedern, aber auch um den gesellschaftlichen Zusammenhalt und die Akzeptanz der marktwirtschaftlichen Ordnung zu fördern, greift der Staat zum Mittel der **Umverteilung**. Marktversagen lässt sich außerdem bei der Wirkung **negativer externer Effekte** beobachten. So spiegeln die privaten Kosten der Nutzung von **Umweltgütern** wie der Luft oder des Wassers nicht immer deren soziale Kosten wider. Daher greift der Staat ein, indem er entweder ordnungsrechtliche Auflagen verhängt oder – wie im Falle des Handels mit Emissionszertifikaten – marktkonforme Anreize zur umweltschonenden Ressourcennutzung setzt. Im Übrigen zeigt die seit gut vier Jahrzehnten andauernde Debatte über die „Grenzen des Wachstums" (vgl. M 6), dass der Umgang mit endlichen Ressourcen nicht allein den ungebändigten Kräften des Marktes überlassen werden darf. Die Fortschritte, die seit den 1970er-Jahren im Umweltschutz erzielt worden sind, sind im Wesentlichen staatlicher Intervention zu verdanken.

Rahmenbedingungen ökonomischen Handelns

Die **Wirtschafts- und Finanzkrise**, die in wechselnder Intensität seit 2008 die Schlagzeilen beherrscht, liefert ein Argument für staatliche **Stabilisierungspolitik**. Sieht man von Extremfällen wie der **Teilverstaatlichung** der Commerzbank in Deutschland und der Schnürung von **Rettungspaketen** auf europäischer Ebene ab, so bezieht sich die Forderung nach einem stärkeren staatlichen Engagement v. a. auf die Rahmenbedingungen wirtschaftlichen Handelns. Die staatlich verordnete Begrenzung von **Bonuszahlungen** für Banker und die Diskussion über eine Deckelung von Managergehältern zielen auf die Beseitigung von **Fehlanreizen**, die in der Vergangenheit zur Tätigung riskanter Geschäfte führten, für die im Falle des Scheiterns der Staat und damit die Steuerzahler geradestehen müssen.

Schließlich könnten die tendenziell **sinkenden Wachstumsraten** beim BIP (vgl. M 5) ein Motiv für intensivere staatliche Eingriffe zum Beispiel in Gestalt von Investitionen sein. Indem Steuergelder in den Bereich der **Forschung und Entwicklung** gelenkt werden, stärkt der Staat das Innovationspotenzial der Wirtschaft und trägt mithin dazu bei, gemäß den Vorgaben des Stabilitätsgesetzes von 1967 („Magisches Viereck") ein angemessenes Wirtschaftswachstum zu verstetigen. Es ist empirisch erwiesen, dass gerade jene Gesellschaften, die ein hohes **Wohlstandsniveau** genießen, besondere Anstrengungen im Umweltschutz unternehmen. Und der Handel mit Emissionszertifikaten stellt die **Wirksamkeit marktkonformer Instrumente** des Umweltschutzes unter Beweis.

Kontra-Argumente: Freiheit der Marktteilnehmer

Gegen eine intensivere Einmischung des Staates in wirtschaftliche Abläufe spricht, dass dadurch die **Kreativität** und die **Eigenverantwortung** der Marktteilnehmer geschwächt würden, von denen aber der ökonomische Erfolg einer Gesellschaft zuvorderst abhängt. Der Staat kann prinzipiell nur das verteilen, was er zuvor eingenommen hat, weshalb er sich auf den **ordnungspolitischen Rahmen** beschränken sollte, um den Marktteilnehmern nicht unnötige Fesseln anzulegen, die **Innovationen** behindern. Letztere stehen außerdem im Widerspruch zu den Fundamenten einer **freien Gesellschaft**. Wenn man im Übrigen bedenkt, dass die sinkenden Zuwachsraten beim BIP mit einer **steigenden Staatsquote** einhergehen, muss die staatliche Intervention in die Wirtschaft kritisch gesehen werden.

Ein weiteres Argument gegen staatlichen Interventionismus ist der Verdacht, der Staat greife stets dann ein, wenn es ihm **politisch opportun** erscheine. V. a. in Wahlkampfzeiten findet ein Überbietungswettbewerb statt, bei dem staatliche Wohltaten meist um den Preis nachfolgender Steuererhöhungen erkauft werden. Obendrein folgt diese Art staatlicher Intervention in der Regel sehr kurzfristigen Interessen, die nicht mit einer nachhaltigen ökonomischen Entwicklung in Einklang stehen.

Kurzsichtigkeit politischer Entscheidungen

Hinzu kommt schließlich, dass der im Zeichen des **Keynesianismus** vollzogene Ausbau staatlicher Tätigkeit und Regulierung zu einem erheblichen Anstieg der **Staatsverschuldung** geführt hat. Hohe Schulden schränken nicht nur gerade in Krisenzeiten den Aktionsradius des Staates erheblich ein, sie machen ihn auch anfällig für die **Attacken der Finanzmärkte**, sei es in Form von Wetten auf einen Staatsbankrott, sei es in Gestalt von Ratings, die über die Refinanzierungsmöglichkeiten der Staatsschuld mitentscheiden.

Kosten staatlicher Eingriffe

Die Realisierung der Sozialen Marktwirtschaft impliziert einen Mittelweg zwischen freier Marktwirtschaft und staatlich gelenkter Planwirtschaft. Dabei ist es freilich nicht möglich, wissenschaftlich objektiv die exakten Grenzen für staatliche Interventionen festzulegen. Vielmehr müssen diese **situationsbedingt** und im Wettstreit konkurrierender politischer Programme ausgehandelt werden. Die Ordnung des Grundgesetzes (vgl. Teilaufgabe 3) und die Vorgaben der EU bieten aber einen Rahmen, an dem sich die Wirtschafts- und Sozialpolitik orientieren muss.

Fazit

Abiturprüfung Gemeinschaftskunde – Baden-Württemberg
Übungsaufgabe 2: Wirtschaftliche Dynamik und Wirtschaftspolitik

Leitthema: Deutschlands Exportstärke – Fluch oder Segen?

Kontextualisierung: Lange Zeit galt Deutschland als „Exportweltmeister“. Im Jahr 2009 hat die Volksrepublik China diese Rolle übernommen. Dennoch bleibt Deutschland eine der führenden Exportnationen weltweit. So stieg das Volumen deutscher Ausfuhren im Oktober 2013 auf einen neuen Spitzenwert von 99,1 Mrd. Euro und der Exportüberschuss Deutschlands übertraf im Jahr 2013 den Chinas um 65 Mrd. Dollar. Allerdings äußern sich Ökonomen und Politiker auch immer wieder kritisch zur Exportstärke Deutschlands, da sie in ihr eine Quelle volkswirtschaftlicher Instabilität sehen.

Aufgaben:

1. Arbeiten Sie aus M 2 heraus, welche Gefahren dem Autor zufolge die Exportabhängigkeit Deutschlands birgt. — 8 VP

2. Erklären Sie – ausgehend von M 2 und M 3 – die Rolle der Schwellenländer im Prozess der Globalisierung. — 10 VP

3. Der Autor von M 3 befasst sich mit der Bedeutung von Wechselkursen (vgl. Z. 25 ff.). Erläutern Sie, wie Wechselkurse die internationalen Wirtschaftsbeziehungen beeinflussen können. — 10 VP

4. Der Autor von M 2 und der Zeichner von M 6 thematisieren die Rolle der Volksrepublik China im internationalen Handel.
   Vergleichen Sie die beiden Positionen. — 12 VP

5. „Deutschland ist Globalisierungsgewinner.“ (Bert Rürup, Wirtschaftswissenschaftler)
   Beurteilen Sie diese These.

   oder

   Gestalten Sie zu dieser These eine Rede. — 20 VP

   60 VP

M 1 Grundgesetz

M 2 Mathias Ohanian, Deutschlands riskante Abhängigkeit vom Export

Jahrelang produzierte die Wirtschaft wertvolle Waren, die woanders gebraucht wurden. Die Exporte stiegen und stiegen, ebenso die Importe der europäischen Nachbarn. Einiges war finanziert auf Pump. Als die Blase platzte, war klar: Deutschland bleibt auf dem Gros seiner Geldforderungen sitzen.

Ein schlechter Deal, viele Deutschen hatten jahrelang verzichtet. In Zahlen drückt sich die Geschichte so aus: Von 2000 bis 2007 legten die privaten Konsumausgaben in Deutschland inflationsbereinigt um knapp vier Prozent zu, im Währungsraum insgesamt gab es ein Plus von 13 Prozent. Ähnlich krass ist die Divergenz bei den Investitionen.

Eigentlich wäre Deutschland jetzt an der Reihe. Doch das Gegenteil ist der Fall: Durchbrachen die Ausfuhren 2011 erstmals die Marke von 1 000 Mrd. Euro, wird in Deutschland heute drei Prozent weniger investiert als vor der Finanzkrise. In der ersten Hälfte 2012 sanken die Investitionen sogar: Die offiziellen Zahlen geben die Geschichte vom Binnenboom nicht her. So bleibt die Differenz aus Exporten und Importen in Deutschland 2012 weltweit unerreicht [...].

In Deutschland scheint man es allen Gefahren zum Trotz leider noch immer nicht besser zu wissen. Berlin verhält sich wie die berüchtigten drei Affen, wenn es die Kritik am Handelsüberschuss mit dem autistischen Reflex zu kontern versucht: Dieser sei eine Stärke der deutschen Wirtschaft und spiegle die Qualität der Produkte wider. Mögen deutsche Produkte auf ewig die besten in der Welt sein!

Doch was, wenn Deutschland wieder eine Party ausrichtet, auf der andere feiern? Wenn sich im Morgengrauen herausstellt, dass der attraktive Kunde nicht genug Kohle hat, um die Zeche zu zahlen? Dann wird die deutsche Wirtschaft wegen ihrer Exportabhängigkeit wie schon in der Rezession 2009 tief stürzen [...].

Deutschlands Wirtschaft sei bestens ausgerichtet auf die Bedürfnisse der Schwellenländer, allen voran Chinas, argumentieren Befürworter des deutschen Modells. Das ist prima, solange der Boom dort anhält. Was aber, wenn der Aufschwung abebbt? Deutsche Experten haben nicht einmal die strukturelle Krise vor der eigenen Haustür vorhergesehen – wie sollen sie das bei einem 8 000 Kilometer entfernten Land schaffen, das gern mal undurchsichtige, weil inkonsistente Wirtschaftszahlen meldet?

Dabei schlagen Skeptiker bereits Alarm. Warnungen vor dem Platzen einer Blase in China kursieren seit Monaten. Zudem hat Peking angekündigt, die Wirtschaft umzustellen: weg vom investitionsgetriebenen hin zum konsumgestützten Wachstum.

Weniger Investitionen, weniger Nachfrage nach deutschen Maschinen. Horcht man hinein in die Lobbyverbände, sieht es schon heute nicht mehr rosig aus: Die Ausfuhren nach China sanken zuletzt, teilt der Maschinenbauverband mit.

Von 2003 bis 2011 verdreifachte sich der Wert der Exporte ins Reich der Mitte noch. Gut möglich, dass der Anfang vom Ende der goldenen Zeiten bereits eingeläutet ist. Vielleicht geht es so aber auch noch eine ganze Weile gut. Verlassen sollte sich Berlin darauf jedoch nicht. Vielmehr sollte das [...] Wirtschaftsministerium schleunigst zur Kenntnis nehmen, dass die Kritik am Exportüberschuss keineswegs nur von den ach so bösen Gewerkschaften kommt, die die Debatte angeblich nur als Vorwand für ihre ständigen Forderungen nach höheren Löhnen missbrauchen. Auch der in seinen Empfehlungen sonst eher zurückhaltende Industrieländerklub OECD mahnt eindringlich Reformen an, um das Investitionsumfeld in Deutschland zu stärken.

Aus: Financial Times Deutschland vom 20. 8. 2012

M 3 Christian Schubert, Deutschland wird zum Globalisierungsverlierer

Kein Industrieland wird in den kommenden fünfzig Jahren so stark an wirtschaftlicher Bedeutung verlieren wie Deutschland. Zu diesem Schluss kommt die Organisation für wirtschaftliche Entwicklung und Zusammenarbeit (OECD) in einer [...] Langzeitstudie. Der Grund für den Abstieg Deutschlands von der fünftwichtigsten zur zehntwichtigsten Wirtschaftsnation der Welt liegt in der Alterung der Bevölkerung, die nach Ansicht der OECD nicht durch Zuwanderung ausgeglichen werden kann, sowie im Aufstieg der heutigen Schwellenländer. „Wir gehen davon aus, dass sich bis 2060 der Anteil der über 65jährigen gemessen an der Altersklasse von 15 bis 64 Jahren in Deutschland auf 60 Prozent fast verdoppeln wird“, sagte die Ökonomin Asa Johansson, Autorin der Studie. OECD-Generalsekretär Angel Gurría wies darauf hin, dass der Trend nicht unaufhaltsam sei: „Der Schlüssel dazu liegt in mehr Bildung und Produktivität“. Zudem müssten die Arbeits- und Produktmärkte stärker liberalisiert werden.

Die OECD weist darauf hin, dass die Vorhersagen aufgrund des langen Zeitraums mit großen Unsicherheiten verbunden seien. In ihrem zentralen Szenario erwartet die Organisation, dass sich der Anteil Deutschlands am Welt-Bruttoinlandsprodukt von 4,8 auf 2 Prozent verringert. Dieser Verlust von 58 Prozent ist stärker als in allen anderen 41 untersuchten Ländern, wozu die 34 OECD-Mitglieder sowie acht große Schwellenländer gehören. Das ebenfalls von Alterung belastete Japan verliert Anteile im Umfang von 52 Prozent. Die deutsche Wirtschaft werde bis 2060 durchschnittlich nur um 1,1 Prozent wachsen. Zusammen mit Luxemburg ist Deutschland damit das Schlusslicht des Wachstumsvergleichs.

Die Studie basiert allerdings auf dem Vergleich von Kaufkraftparitäten in Bezug zum amerikanischen Dollar; die realen Wechselkurs-Verhältnisse sind damit außer Acht gelassen. Diese Methode überzeichne das weltwirtschaftliche Gewicht von Entwicklungs- und Schwellenländern, merken Kritiker an.

Aus: Frankfurter Allgemeine Zeitung vom 9. 11. 2012

M 4 Ulrich Schäfer, Warum die Kritik an Deutschland berechtigt ist

Die Kritik am deutschen Wirtschaftsmodell ist also nicht neu. Doch noch nie wurde sie derart massiv vorgetragen wie in diesen Tagen. Der amerikanische Finanzminister, der italienische Premierminister, der französische Präsident, der Chef der EU-Kommission, die Präsidentin des Internationalen Währungsfonds – sie alle werfen der größten Volkswirtschaft in Europa vor, dass sie immer mehr exportiert und immer weniger importiert. Mit ihren Exportüberschüssen mache die Bundesrepublik den übrigen Europäern das Leben schwer – ja, so lautet vor allem der Tadel der Amerikaner und des IWF: Deutschland gefährde damit die Stabilität der Weltwirtschaft.

In Deutschland mag man diese Kritik nicht hören. Oder besser gesagt: Man versteht sie bewusst falsch. Denn entgegen den Behauptungen der meisten Verbände und des geschäftsführenden Bundeswirtschaftsministers fordert niemand, dass Deutschlands Unternehmen ihre Exporte drosseln sollen. So etwas ließe sich allenfalls in einer Planwirtschaft umsetzen, nicht aber in einer Marktwirtschaft.

Ja, die Exporte sind nicht einmal das eigentliche Problem. Gefährlich ist stattdessen etwas anderes: Im gleichen Maße, in dem die Deutschen Waren und Dienstleistungen in alle Welt verkaufen, schaffen sie auch das Geld, das sie damit verdienen, ins Ausland – denn irgendwer muss ja den Abnehmerländern den Kauf von „Made in Germany" finanzieren. Die deutschen Exportüberschüsse gehen deshalb seit Jahren mit gewaltigen Kapitalströmen in die südlichen Länder Europas einher. In diesen Staaten sanken dadurch die Zinsen, was Regierungen, Unternehmen und Bürger dort dazu verführt hat, sich noch stärker zu verschulden.

Solche globalen Ungleichgewichte sind per se erst mal kein Problem, denn der Welthandel befindet sich, anders als es der große Außenhandelstheoretiker David Ricardo zu Beginn des 19. Jahrhunderts unterstellt hat, nun mal nicht permanent im Gleichgewicht. Globale Ungleichgewichte gehören zu einer dynamischen, sich verändernden Weltwirtschaft dazu. Zum Problem werden sie erst dann, wenn sie zu groß werden und das Kapital über einen sehr langen Zeitraum in eine Richtung fließt. Dann entstehen Blasen, und Wechselkurse werden verzerrt; wenn Blasen platzen, kommt es zu Krisen.

Im Fall von Deutschland gibt es nun genau dieses Problem: Die Exporte übersteigen seit sechs Jahren die Importe immer stärker, während es in den USA seit Langem umgekehrt ist und die Amerikaner weit mehr Waren und Kapital importieren, als sie exportieren. Niemand verlangt, dass die Deutschen sich komplett von ihrem Modell verabschieden; nur eine Korrektur, eine Normalisierung wäre sinnvoll.

Aus: Süddeutsche Zeitung vom 13. 11. 2013

M 5 Die größten Handelspartner Deutschlands 2012, in Mrd. Euro

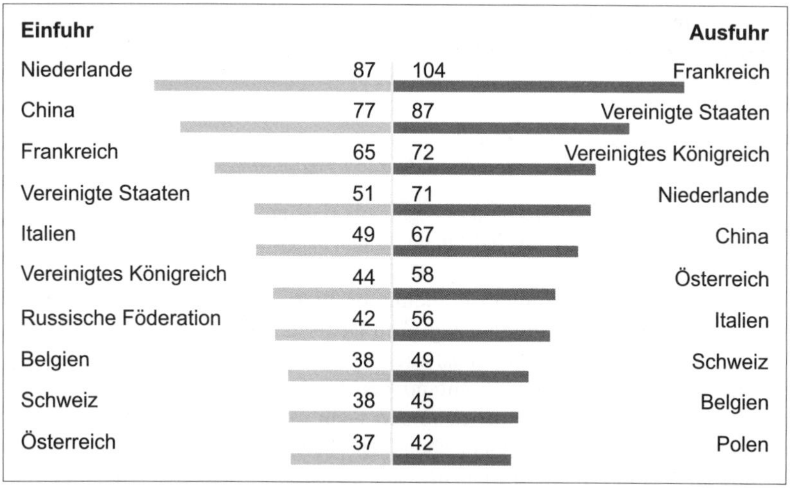

Daten: Statistisches Bundesamt, Wiesbaden 2013

M 6 Karikatur von Heiko Sakurai (7. 10. 2010)

Lösungsvorschlag

Die Lösungsvorschläge stellen nur eine mögliche Antwort dar. Andere Lösungsmöglichkeiten sind zugelassen, wenn sie der Aufgabenstellung entsprechen und sachlich richtig sind.

1. *„Herausarbeiten" bedeutet hier, dass dem Text Argumente zu entnehmen sind, mit denen Ohanian vor der deutschen Exportabhängigkeit warnt.*

Mathias Ohanians Artikel „Deutschlands riskante Abhängigkeit vom Export" ist am 20. 8. 2012 in der Financial Times Deutschland erschienen. — Quellenangabe

Der Autor warnt in zum Teil polemischer Form vor den Folgen einer fortgesetzten Exportabhängigkeit Deutschlands. Ausgangspunkt seiner Argumentation ist die Beobachtung, dass Importeure deutscher Produkte während der **Wirtschaftskrise** nach 2007 ihren **Zahlungsverpflichtungen** nicht immer nachgekommen seien. Während die Deutschen „jahrelang verzichtet" (Z. 5) und ihre Konsumausgaben gedrosselt hätten, seien Letztere in der Eurozone gestiegen. Der Exporterfolg Deutschlands (vgl. Z. 11) dürfe nicht darüber hinwegtäuschen, dass die **Investitionen** hierzulande gesunken seien. — Argumentation des Autors

Ohanian wirft der Politik vor, diese Entwicklung zu ignorieren und stattdessen den **Handelsüberschuss** als Erfolg zu deklarieren. Die Ausrichtung „auf die Bedürfnisse der Schwellenländer" (Z. 27 f.) berge v. a. mit Blick auf **China** die Gefahr, mögliche Krisen auszublenden. Hinzu komme, dass China neue wirtschaftspolitische Prioritäten setzen wolle, und zwar hin zu einem „konsumgestützten Wachstum" (Z. 36 f.). Außerdem seien die Exporte nach China zurückgegangen. Dies sei möglicherweise „der Anfang vom Ende der goldenen Zeiten" (Z. 42).

Der Autor schließt sich deshalb am Ende seines Textes der **Forderung der OECD** an, Deutschland solle sein „Investitionsumfeld" (Z. 50) verbessern, um das riskante Ungleichgewicht im Außenhandel zu verringern. — Appell des Autors

2. *Hier müssen Sie zunächst die Aussagen von M 2 und M 3 zu den Schwellenländern herausarbeiten, um dann deren Rolle im Prozess der Globalisierung verständlich zu machen.*

Der Autor von M 2 streitet zwar die Bedeutung der Schwellenländer für den deutschen Außenhandel nicht ab, doch warnt er davor, sich blindlings auf deren **immerwährenden Boom** zu verlassen. Die **Abhängigkeit** von der Investitionstätigkeit und Konsumfreude in den wirtschaftlich aufsteigenden Nationen sei riskant, da sie bei einer **Rezession** zu herben Rückschlägen führen könne. — relevante Aussagen in M 2

In seinem Artikel „Deutschland wird zum Globalisierungsverlierer“, der am 9. 11. 2012 in der Frankfurter Allgemeinen Zeitung erschienen ist, gibt Christian Schubert den Inhalt einer OECD-Studie wieder, derzufolge Deutschland auf lange Sicht zu den **Verlierern der Globalisierung** gehören werde. Dies liege zum einen an „der Alterung der Bevölkerung“ (Z. 6), zum anderen an der **Konkurrenz**, die den Industrienationen aus den Schwellenländern erwachse (vgl. Z. 7 f.).

Quellenangabe, relevante Aussagen in M 3

Damit wird die ambivalente Rolle deutlich, die Schwellenländer im Prozess der Globalisierung spielen. Einerseits sind sie willkommene **Absatzmärkte** für die Produkte und Dienstleistungen aus den Industrienationen. Dank ihres **rasanten Wirtschaftswachstums** seit den 1990er-Jahren und aufgrund der massiv gesunkenen **Transportkosten** wurden sie zu einer entscheidenden Triebfeder der Globalisierung und zu einer Drehscheibe der **internationalen Arbeitsteilung**. Häufig verdankten sie – wie im Falle Brasiliens – den Aufstieg ihrem **Ressourcenreichtum**. Andererseits haben viele Schwellenländer längst eigene weltmarkttaugliche Unternehmen, die als Produzenten und **Investoren** am Status der bisher dominanten Länder rütteln. Schwellenländer sind demnach nicht mehr nur die sogenannte **verlängerte Werkbank** der Industrienationen, die deren innovative Ideen kostengünstig in Produkte umsetzt.

ambivalente Rolle der Schwellenländer

Mittlerweile sind die **Lohnkosten** in vielen Schwellenländern merklich gestiegen, weshalb hier bereits Arbeitsplätze abwandern. So verlagern chinesische Unternehmen ihre Produktion z. B. nach Vietnam oder Kambodscha. Die höhere **Kaufkraft** in den ökonomisch aufsteigenden Nationen intensiviert wiederum die Nachfrage nach technologisch hochwertigen und ökologisch unbedenklichen Qualitätsprodukten, wovon weiterhin die Industrienationen profitieren. Schließlich führt der Wohlstand in den Schwellenländern zu steigenden Steuer- und Deviseneinnahmen, die teilweise in **Staatsfonds** fließen, welche hohe Summen in Industrieländern investieren.

Folgen der Entwicklung der Schwellenländer

3. *Sie sollten zunächst die Aussagen von M 3 zu den Wechselkursen darstellen, um dann davon ausgehend die Bedeutung der Wechselkurse für die internationalen Wirtschaftsbeziehungen zu erklären.*

In seinem Artikel (M 3) weist Schubert darauf hin, dass die Aussagekraft der OECD-Studie ein Stück weit unter deren Methodik leide. Da sie „die realen Wechselkurs-Verhältnisse“ (Z. 26) nicht berücksichtige, werde der Vergleich zwischen Schwellen- und Industrieländern verzerrt.

Quellenangabe, Kernaussage

Mit dem Ende des **Bretton-Woods-Systems** Anfang der 1970er-Jahre wurde das System fester Wechselkurse abgeschafft. Fortan gehorchten die Wechselkurse wieder dem freien Spiel von Angebot und Nachfrage. Das bedeutet, dass der an den **Devisenmärkten** ermittelte Wert einer Währung ein Stück weit die **Wirtschaftskraft** eines Landes widerspiegelt. Dabei spielen die Inflationsrate, das Zinsniveau, die Staatsverschuldung sowie die aktuelle oder zu erwartende politische Entwicklung eines Landes eine Rolle.

Ende von Bretton Woods und die Folgen

Am Beispiel der **Eurozone** lässt sich etwa veranschaulichen, wie sehr wirtschaftliche und politische Krisen den Wechselkurs einer Währung beeinflussen und umgekehrt die Sorge um die Auswirkung von Wechselkursschwankungen politisches Handeln erzwingt. So sank der Eurokurs gegenüber dem US-Dollar infolge der sich verschärfenden Schuldenkrise in den peripheren Ländern der Eurozone binnen der ersten Jahreshälfte 2010 um etwa ein Fünftel, stabilisierte sich aber danach aufgrund diverser Rettungsmaßnahmen und insbesondere nach der Ankündigung von EZB-Präsident Draghi im Juli 2012, die Europäische Zentralbank (EZB) werde alles zur Rettung des Euro unternehmen.

Beispiel

Der Wechselkurs hat zudem Auswirkungen auf das **Investitionsverhalten** von Unternehmen: Weist der Wechselkurs eines Landes starke Schwankungen auf, so wird ein Unternehmen, welches in dem Land einen wichtigen **Absatzmarkt** hat, dort Direktinvestitionen in Betracht ziehen, um sich gegen Währungsrisiken abzusichern. Generell müssen exportorientierte Unternehmen Wechselkurse im Auge behalten und sich ggf. mithilfe von **Termingeschäften** gegen Währungsschwankungen wappnen, da ihnen sonst erhebliche Einbußen drohen. Auch geraten Währungen selbst zu **Spekulationsobjekten**. Wenn die Devisenmärkte z. B. erwarten, dass eine Währung unter Inflationsdruck geraten wird, legen Investoren ihr Geld in stabileren Währungen an.

Investitionen und Spekulation

In den vergangenen Jahren geriet die **politische Dimension** von Wechselkursen wieder stärker ins Blickfeld. So sieht sich die Volksrepublik China Vorwürfen ausgesetzt, sie halte ihren Wechselkurs künstlich niedrig, um daraus **Vorteile im Export** zu erzielen. Ein **Abwertungswettlauf** als Mittel der Exportförderung könnte die internationalen Wirtschaftsbeziehungen in Mitleidenschaft ziehen.

Wechselkurs und Politik

4. *„Vergleichen“ bedeutet hier, die in beiden Materialien vorgebrachten Argumente gegenüberzustellen. Am Ende muss ein Fazit formuliert werden, das den Unterschied in der Argumentation auf den Punkt bringt.*

Matthias Ohanian charakterisiert in seinem Artikel die Volksrepublik China als Handelspartner, der aus Sicht deutscher Unternehmen und Politiker eine überragende Stellung einnimmt. Die Hoffnung, Deutschland werde auch in Zukunft vom Aufschwung der Schwellenländer profitieren, stütze sich nicht zuletzt auf China als eine Art **Motor der Weltwirtschaft**. Ohanian versieht diese Haltung jedoch mit einem Fragezeichen: „Was aber, wenn der Aufschwung abebbt?“ (Z. 29 f.). Erstens sei es schwierig, die Dauer des chinesischen Booms hinreichend präzise zu prognostizieren (vgl. Z. 31 ff.). Zweitens verweist Ohanian auf „Skeptiker“ (Z. 34), die die **Gefahr einer spekulativen Blase** problematisieren. Drittens ändere China möglicherweise den Schwerpunkt seiner **Wachstumsstrategie**: „weg vom investitionsgetriebenen hin zum konsumgestützten Wachstum“ (Z. 36 f.). Und viertens ließen Zahlen u. a. des Maschinenbauverbands den Schluss zu, dass der Export nach China an Dynamik eingebüßt habe (vgl. Z. 40). Ohanian vermutet daher, dass „der Anfang vom Ende der goldenen Zeiten“ (Z. 42) u. U. bereits eingeläutet worden sei.

M 2 zu China: ungewisse Aussichten

Der Karikaturist Heiko Sakurai zeichnete 2010 ein ebenfalls von Skepsis geprägtes Bild der **chinesischen Rolle im Welthandel**. Allerdings setzt er bei einem anderen Aspekt an. Die Karikatur zeigt einen „China-Shop“, in dessen Auslagen Produkte aus dem Bereich der Unterhaltungselektronik feilgeboten werden. Im Eingangsbereich des Ladens steht ein chinesischer Verkäufer drei verdutzt dreinblickenden Besuchern aus Europa gegenüber: einem Repräsentanten der EU, der deutschen Bundeskanzlerin und dem damaligen Präsidenten Frankreichs. Die drei Vertreter westlicher Nationen sind irritiert über das, was sie auf dem überdimensionierten Ladenschild lesen: „Dumping-Preise durch Niedrig-Währung“, „Prima Kopien von Markenprodukten“, „Zugang zu unseren Märkten? Sorry, Nein“. Dieser letzte Punkt wirkt besonders ironisch angesichts der Tatsache, dass das Geschäft als „open“ bezeichnet wird. Der Karikaturist kritisiert demnach Chinas Verhalten im Welthandel, da sich die Volksrepublik wenig aufgeschlossen gegenüber der offenbar berechtigten **Kritik aus dem Westen** zeige. Die Größe des Ladens spiegelt die **Bedeutung der chinesischen Volkswirtschaft** in den globalen Wirtschaftsbeziehungen wider. Zu monieren seien Wechselkursmanipulationen zur Stimulierung des Exports, die Nichtachtung geistigen Eigentums und die unzureichende Marktöffnung.

Karikatur M 6: Chinas Geschäftspraktiken

Sowohl Ohanian als auch Sakurai gehen von einer erheblichen Marktmacht Chinas aus. Beide heben zudem die damit verbundenen **Risiken für andere Marktteilnehmer** hervor. Während

Vergleich M 2 und M 6

Ohanian aber vor Illusionen aufseiten deutscher Exporteure warnt und die Endlichkeit des chinesischen Aufschwungs in den Vordergrund rückt, kritisiert Sakurai das **unfaire Geschäftsgebaren** der Volksrepublik, die sich einseitig die Chancen des globalen Handels zunutze mache, kritische Stimmen aus dem Ausland indes ignoriere.

5. *Diese Aufgabe stellt zwei Vorgehensweisen zur Wahl: Entscheiden Sie sich für den klassischen Weg, müssen Sie die These Rürups „beurteilen", das heißt sie im Zusammenhang auf ihre Stichhaltigkeit bzw. Angemessenheit prüfen und dabei die angewandten Kriterien nennen. Wählen Sie hingegen die Gestaltung einer Rede, sind neben der inhaltlichen Durchdringung die besonderen formalen Anforderungen an eine politische Rede zu beachten. Hierzu zählen v. a. die Adressatenorientierung und die Verwendung rhetorischer Mittel.*
In beiden Aufgabenstellungen wird nicht explizit auf die Materialien verwiesen. Deshalb können alle Materialien zur Bearbeitung der Aufgabe herangezogen werden. Dabei ist jedoch darauf zu achten, dass Argumente oder Beispiele nicht nur wiedergegeben, sondern für eine strukturierte Auseinandersetzung mit Rürups These genutzt und um eigene Gedanken erweitert werden. Folgende Aspekte könnten thematisiert werden:

Bezugnahme auf Rürups These

Entgegen den Befürchtungen, die in M 2 und M 3 geäußert werden, gilt Deutschland heute als Gewinner der Globalisierung.

Wirtschaftliche Entwicklung in Deutschland

Die **Arbeitslosenquote** ist in Deutschland in den letzten Jahren merklich gesunken. Wenn man gleichzeitig bedenkt, dass die DAX-Unternehmen drei Viertel ihres Umsatzes im Ausland erwirtschaften, wird deutlich, wie stark Deutschland vom Aufstieg anderer Nationen in einer globalisierten Wirtschaft profitiert. Insgesamt hat sich die deutsche **Exportquote** seit dem Ende des Kalten Krieges verdoppelt, was die enorme Bedeutung der Ausfuhren für die Wertschöpfung der deutschen Volkswirtschaft verdeutlicht. Dabei weist Deutschland gegenüber den meisten seiner zentralen Handelspartner einen **Exportüberschuss** aus (vgl. M 5), was für die Attraktivität deutscher Produkte und die Effizienz deutscher Unternehmen im Weltmaßstab spricht.

Standortdebatte

Hatten in den 1990er-Jahren zahlreiche deutsche Unternehmen ihren Standort in die damaligen **Billiglohnländer** in Osteuropa und Asien verlagert, so kehren mittlerweile viele Unternehmen nach Deutschland zurück. Zum einen sind die **Lohnkosten** in jenen Ländern gestiegen, zum anderen sorgen **Qualitätsmängel** und Schwierigkeiten bei der Rekrutierung geeigneten Personals dafür, dass Deutschland als Standort wieder attraktiver wird. Die Globalisierung ist also **keine Einbahnstraße**. Vielmehr profitieren deutsche Unternehmen mit ihrer Stärke im Auto- und Maschinenbau sowie bei langlebigen Investitionsgütern davon, dass gerade diese Produkte in Schwellenländern gefragt sind. Allerdings erinnert in diesem Zusammenhang die Nichtachtung geistigen Eigentums (Produktpiraterie), aber auch der Konflikt um manipulierte **Wechselkurse** (vgl. M 6) an die Risiken, die mit einer immer tieferen Integration in den Welthandel verknüpft sind.

Agenda 2010 und die Folgen

Aufgrund der unter Gerechtigkeitsaspekten durchaus umstrittenen **Sozialreformen** im ersten Jahrzehnt des 21. Jahrhunderts (Agenda 2010) hat Deutschland Wettbewerbsfähigkeit zurückgewonnen. Es wird nicht länger als „kranker Mann Europas" wahrgenommen, sondern eher – v. a. auch mit Blick auf Deutschlands Rolle in der Eurokrise – als treibende Kraft im europäischen Wirtschaftsraum. Dieser Ansehensgewinn nutzt dem **Image** Deutschlands bei Anlegern, die Deutschland als Ziel von Auslandsinvestitionen wieder deutlich höher veranschlagen als noch vor zehn Jahren.

Aufstieg der Schwellenländer

In dem Maße, wie in Schwellenländern der Wohlstand wächst und damit – gemäß der **Postmaterialismus**-These – ökologische Bedürfnisse in den Blick rücken, wird sich dort die deutsche Industrie mit ihrer Expertise im Bereich der **Umwelttechnologien** positionieren können. Die Erfahrungen, die Deutschland im Zuge der Energiewende sammelt, lassen sich später auf Staaten übertragen, die ebenfalls auf regenerative Energien und nachhaltige Produktionsprozesse zurückgreifen wollen. Die Einbindung der Schwellenländer in die Weltwirtschaft gerät jedoch mitunter ins Stocken, wenn beispielsweise ein Boom vorwiegend spekulativer Natur ist oder die **Marktöffnung** (vgl. M 6) bewusst verzögert wird, um die heimische Industrie vor ausländischer Konkurrenz zu schützen.

Ausblick

Nichtsdestotrotz wird Deutschland in Zukunft nur dann dauerhaft von der Globalisierung profitieren können, wenn es dem internationalen **Wettbewerb um Innovationen und Humankapital** standhält und zudem seinen Einfluss dahingehend geltend macht, dass die globalen Märkte offen bleiben. Um externe Schocks besser abfedern zu können, wäre es auch von Vorteil, die Abhängigkeit von der Exportwirtschaft zu verringern und den **Binnenmarkt** zu stärken. Zudem muss sich Deutschland der Kritik an seinem **massiven Außenhandelsüberschuss** stellen. Das Entstehen finanzieller Blasen und die Verzerrung der Wechselkurse führen u. U. zu Instabilitäten auf den Weltmärkten, die wiederum den Exporterfolg Deutschlands beeinträchtigen und Debatten über die Legitimität des **Freihandels** heraufbeschwören könnten (vgl. M 4).

Abiturprüfung Gemeinschaftskunde – Baden-Württemberg
Übungsaufgabe 3: Wirtschaftliche Dynamik und Wirtschaftspolitik

Leitthema: Wirtschaftspolitik und Wirtschaftswachstum

Kontextualisierung: Die deutsche Wirtschaft ist eingebunden in Euroraum und Weltwirtschaft und wird von diesen beeinflusst. Dies hat auch Auswirkungen auf den wirtschaftspolitischen Gestaltungsspielraum der Bundesrepublik.

Aufgaben:

1. Die Materialien M 2 und M 3 befassen sich mit den Versuchen von Banken und Regierungen, das Wirtschaftswachstum zu beeinflussen. Arbeiten Sie die Ziele und Vorgehensweisen dieser Akteure heraus und vergleichen Sie diese. — 12 VP
2. Überprüfen Sie anhand von M 4 und M 5 den Erfolg der japanischen Politik. — 14 VP
3. a) Für die Bundesrepublik Deutschland gibt das Stabilitätsgesetz von 1967 die Ziele der Wirtschaftspolitik vor. Erläutern Sie das Magische Viereck. — 8 VP

   b) Erörtern Sie die Wirksamkeit einer an den Vorgaben des Stabilitätsgesetzes orientierten Politik Deutschlands im Euroraum. — 12 VP
4. Gestalten Sie unter Berücksichtigung von Art. 14 GG einen Kommentar zum Thema „Geldwäsche im Euroraum“ für eine überregionale, renommierte Tageszeitung. — 14 VP

60 VP

M 1 Grundgesetz

M 2 Lisa Nienhaus, Der Kampf der Währungshüter

Der Gouverneur der Bank von Japan, Masaaki Shirakawa, kündigte unerwartet seinen Rücktritt für Mitte März an. Im April hätte seine Amtszeit sowieso geendet, er hätte es also aussitzen können, doch er zeigte lieber: Mit dem, was hier passiert, bin ich nicht einverstanden.

Warum er das tut, ist klar: Die neue japanische Regierung will die Zentralbank noch mehr als bislang zu ihrem Instrument machen, um die heimische Wirtschaft zu beleben. Sie soll nicht nur weiterhin Zinsen nahe null beibehalten und die Staatsschuld finanzieren, sondern das noch deutlich aggressiver tun, um den Wechselkurs aktiv zu manipulieren – nach unten, versteht sich. Das

kann die Zentralbank, weil sie unbegrenzt Geld drucken kann, was per se schon die Währung schwächt. Erst recht klappt das, wenn sie Wertpapiere in Dollar oder Euro kauft, denn das stärkt die Konkurrenzwährungen. Der heimischen Wirtschaft kann sie damit einen Schub geben. Wenn der Yen nämlich billig ist, werden japanische Produkte in anderen Ländern günstiger, der Export steigt, das Geschäft brummt, und die Japaner haben Arbeit.
Als die Bank von Japan zögerte, da mitzumachen, kümmerte das den neuen Regierungschef Shinzo Abe wenig. Er drohte unverhohlen damit, die Unabhängigkeit der Notenbank abzuschaffen. So provozierte er den Rücktritt von Shirakawa. Der Yen reagierte auf die Nachricht: Er wertete ab – wie von der Regierung gewünscht. Und der Aktienmarkt in Japan jubilierte. Der Rest der Welt aber war uneins: Die einen jubelten, die anderen waren entsetzt. Besorgt äußerte sich Bundesbankpräsident Jens Weidmann schon Ende Januar. Auch Kanzlerin Angela Merkel und Finanzminister Wolfgang Schäuble betrachten den japanischen Kurs skeptisch. Der französische Präsident François Hollande hingegen, ein Sozialist, nahm sich Japan zum Vorbild und regte indirekt an, den Euro doch bitte auch zu schwächen [...]. Das Problem der Währungsabwertung in der wirklichen Welt: Die anderen könnten zurückschlagen. Und wenn alle mitmachen und ihre Währungen abwerten, dann ist unklar, wer gewinnt. Oder ob am Ende alle verlieren [...].

Aus: Frankfurter Allgemeine Sonntagszeitung, 10. 2. 2013

M 3 EZB lässt Leitzins bei 0,25 Prozent

Die Europäische Zentralbank (EZB) lässt weitere Instrumente zur Bewältigung der Krise trotz Mini-Inflation und schwacher Konjunktur vorerst im Schrank. Wie erwartet beschloss der EZB-Rat am Donnerstag, den Leitzins im Euroraum auf dem Rekordtief von 0,25 Prozent zu belassen, wie die Notenbank in Frankfurt mitteilte.
Obwohl die Inflation im Euroraum im Dezember erneut sank, hatten Beobachter zunächst keine weitere Lockerung der Geldpolitik erwartet. Dennoch steigt der Druck auf Europas Währungshüter. Denn die Konjunktur kommt nur mühsam in Gang, und die Kreditvergabe an Unternehmen ging auch im November deutlich zurück. „Mit steigender Dauer der konjunkturellen Erholungsbewegung mehren sich die Sorgen, dass eine mangelnde Kreditversorgung die Konjunktur bremst“, betonte Bayern-LB-Ökonom Johannes Mayr.
Die Währungshüter hatten den wichtigsten Zins zur Versorgung der Eurobanken mit Zentralbankgeld erst im November um 0,25 Prozentpunkte auf das neue Rekordtief gesenkt – und dies mit dem geringen Preisauftrieb begründet. EZB-Präsident Mario Draghi hatte betont, er erwarte einen langen Zeitraum niedriger Inflation. Nach dem Zinsschritt erklärte er, „im Moment keinen unmittelbaren Handlungsbedarf“ zu sehen. [...]
Niedrige Zinsen verbilligen tendenziell Kredite und Investitionen und kurbeln so die Wirtschaft an. Das stärkt den Preisauftrieb. Die EZB sieht Preisstabilität

bei knapp unter 2,0 Prozent Jahresteuerung. Im Dezember sank die jährliche Inflationsrate im Euroraum nach vorläufigen Zahlen des Statistikamts Eurostat von 0,9 Prozent auf 0,8 Prozent. Sie liegt damit weit entfernt von der Zielmarke der EZB.

Immerhin deutet der anhaltende Aufwärtstrend der Stimmungsindikatoren darauf hin, dass die Wirtschaft im Euroraum auch im Schlussquartal 2013 gewachsen und die Rezession endgültig überwunden ist. Daher sind die Spekulationen um Strafzinsen auf gehortete Banken-Liquidität und EZB-Anleihekäufe in großem Stil vorerst verflogen. Beide Maßnahmen sind umstritten und sind daher bestenfalls im Notfall denkbar.

Im Kampf gegen die schwache Konjunktur gelten derzeit neue Finanzspritzen für das Bankensystem als wahrscheinlichstes Instrument. Nach Draghis Worten arbeitet die EZB bereits an entsprechenden Konzepten. Dabei suche die Notenbank nach Wegen, billige Langzeit-Kredite an Vorgaben zu knüpfen: Ziel müsse sein, dass die Banken das billige Zentralbankgeld in Form von Krediten an die Unternehmen weiterreichen. […]

Denn die EZB hatte in der Krise Billionensummen in das marode Bankensystem gespritzt. Doch die Banken nutzten das billige Geld, um damit höher verzinste Staatsanleihen aufzukaufen. Draghi erklärte: „Wenn wir etwas ähnliches wieder machen, wollen wir sicherstellen, dass das Geld in die Wirtschaft fließt.“ Verschiedene Ratsmitglieder wie Bundesbank-Präsident Jens Weidmann sehen das Vorhaben aber kritisch. Denn die Kopplung an die Kreditvergabe wäre ein Eingriff in die Entscheidungen der Geschäftsbanken.

Aus: impulse, 9. 1. 2014; Quelle: dpa

M 4 Daten zur Entwicklung der japanischen Wirtschaft

Jahr	nom. BIP in Mrd. US-$	Inflationsrate (%)	BIP-Veränderung, real (%)	Leitzins (%)	US-$ in Yen
2000	4 731	−0,7	2,3	0,00	107,8
2001	4 159	−0,8	0,4	0,25	121,5
2002	3 980	−0,9	0,3	0,00	125,4
2003	4 302	−0,2	1,7	0,00	115,9
2004	4 655	0,0	2,4	0,00	108,2
2005	4 571	−0,3	1,3	0,00	110,2
2006	4 356	0,2	1,7	0,00	116,3
2007	4 356	0,1	2,2	0,50	117,8
2008	4 849	1,4	−1,0	0,50	103,4
2009	5 035	−1,3	−5,5	0,10	93,6
2010	5 488	−0,7	4,4	0,10	87,8
2011	5 867	−0,3	−0,7	0,05	79,8
2012	5 984	0,1	0,2	0,05	79,8
2013	5 997	0,0	0,8	0,05	99,8

Daten: Weltbank, CIA World Factbook, leitzinsen.info/japan.htm, ahk.de, Wirtschaftskammer Österreich

M 5 Entwicklung der Weltwirtschaft, reale Veränderung des BIP zum Vorjahr in % (2012, 2013: geschätzte Werte)

2006	2007	2008	2009	2010	2011	2012	2013
5,5	5,6	3,1	0,0	6,1	4,7	3,7	3,8

Daten: Eurostat, in: http://wko.at/statistik/jahrbuch/worldGDP.pdf

M 6 Waschparadies

Paolo Calleri, 20. 1. 2013,
http://de.toonpool.com/cartoons/Waschparadies_190588

Lösungsvorschlag

Die Lösungsvorschläge stellen nur eine mögliche Antwort dar. Andere Lösungsmöglichkeiten sind zugelassen, wenn sie der Aufgabenstellung entsprechen und sachlich richtig sind.

1. *Diese Teilaufgabe erfordert von Ihnen ein Vorgehen in zwei Schritten. Zunächst sollen Sie aus den beiden Texten die Gesichtspunkte herausarbeiten, die das Handeln der japanischen Politik bzw. der Politik der EZB kennzeichnen. Zur Erreichung der vollen Punktzahl sind die formalen Kriterien (Zitate mit Zeilenangaben, Nutzung der indirekten Rede) einzuhalten.*
Anschließend müssen Sie die Ziele und Vorgehensweisen Japans und der EZB in Hinsicht auf Gemeinsamkeiten und Unterschiede gegenüberstellen.

Quellenangabe, Kurzzusammenfassung von M 2

Der im Februar 2013 in der Frankfurter Allgemeinen Sonntagszeitung erschienene Artikel von Lisa Nienhaus stellt aus Sicht der Autorin die Währungspolitik der japanischen Regierung dar.

Politik der japanischen Regierung

Diese wolle die japanische **Zentralbank instrumentalisieren** (vgl. M 2, Z. 5 f.), um mit deren Hilfe „die heimische Wirtschaft zu beleben" (Z. 6 f.). Sie solle noch massiver die **Zinssätze nahe 0 %** halten und **Staatsschuldpapiere aufkaufen**, damit der **Wechselkurs des Yen sinkt** (vgl. Z. 7 ff.). Das Mittel dazu habe die Zentralbank, da „sie unbegrenzt Geld drucken" (Z. 10) könne. Wenn sie dann mit diesem Geld Wertpapiere in anderen Währungen kaufe, stärke sie diese und schwäche den Yen weiter (vgl. Z. 11 f.). Dadurch würden japanische **Exporte günstiger** – diese wüchsen und die **Arbeitslosigkeit sinke** (vgl. Z. 13 ff.). Eine erste Abwertung des Yen habe bereits für Jubel auf Japans Aktienmarkt gesorgt (vgl. Z. 19 f.).

Quellenangabe, Kurzzusammenfassung von M 3

Der Artikel aus „impulse" vom 9. 1. 2014 stellt die zu dem Zeitpunkt aktuellen Ziele und Vorgehensweisen der EZB sowie Reaktionen auf deren Politik dar.

Politik der EZB

Ausgangspunkt der Auseinandersetzung mit den Zielen der EZB ist deren Beschluss, den **Leitzins bei 0,25 %** zu belassen (vgl. M 3, Z. 3 f.). Die EZB wolle das Wirtschaftswachstum anregen, indem die niedrigen Zinsen zur **Verbilligung von Krediten** beitragen (vgl. Z. 19 f.). Auch weitere „**Finanzspritzen** für das Bankensystem" (Z. 31 f.) würden in Betracht gezogen. Das Problem sei jedoch, dass die Banken billiges Zentralbankgeld bisher zum Kauf besser verzinster Staatsanleihen genutzt hätten (vgl. Z. 38 f.). Daher muss laut EZB-Chef Draghi diesmal sichergestellt werden, dass das Geld durch günstige Kredite an Unternehmen in die Wirtschaft fließt (vgl. Z. 35 f., Z. 39 ff.). Aus diesem Grund hielten Kritiker diese Maßnahme für einen „Eingriff in die Entscheidungen der Geschäftsbanken" (Z. 42 f.).

Sowohl die japanische Regierung als auch die EZB haben das Ziel, die **Konjunktur** ihres jeweiligen Wirtschaftsraums **anzukurbeln**. Beide wollen dazu den **Leitzins auf einem niedrigen Niveau** belassen, auch wenn sich dieser um 0,25 % unterscheidet. Während die japanische Regierung v. a. eine **Exportsteigerung** als Weg zum Wirtschaftsaufschwung betrachtet, sieht die EZB eher in der **Förderung der europäischen Unternehmen** einen Lösungsansatz. Vergleich der politischen Strategien

2. *Auf der Grundlage der Daten in M 4 und M 5 sollen Sie nun prüfen, ob die japanische Politik als erfolgreich beurteilt werden kann. Beachten Sie, dass die Aussagen zur japanischen Politik in M 2 aus dem Jahr 2013 stammen, die Statistiken aber aus früheren Jahren. Daher müssen Sie aus den Folgen der früheren Politik Hinweise auf die Wirkungen der jetzigen bzw. zukünftigen Politik ableiten.*

In der Tabelle M 4 stellen zahlreiche Daten aus verschiedenen Quellen die **Entwicklung der japanischen Wirtschaft** anhand des Bruttoinlandsprodukts (BIP), der Inflationsrate, des Leitzinses und des Wechselkurses von 2000 bis 2013 dar. Quellenangabe, Kurzbeschreibung von M 4

In den 14 Jahren erhöht sich das nominale BIP, das heißt ohne Berücksichtigung der Inflationsrate, um etwa ein Viertel. Real verändert es sich im Vergleich zum jeweiligen Vorjahr zwischen –5,5 % (2009) und 4,4 % (2010), schwankt aber meistens zwischen –1,0 % und 2,4 %. Der **Wirtschaftseinbruch** 2009 bedingt den starken Ausschlag 2010: Das BIP nimmt so wenig zu, dass ein Anstieg von nominal 450 Mrd. US-$ im darauffolgenden Jahr ein sehr **hohes Wachstum** bedeutet. Die Inflationsrate schwankt zwischen –0,9 % (2002) und 1,4 % (2008). Zum Teil gibt es eine (geringe) Inflation, ansonsten ist die japanische Wirtschaft **deflationär**. Der Leitzins variiert zwischen 0,0 % und 0,5 % (letzteres nur 2007 und 2008), ist also **extrem niedrig**. Der Wechselkurs von 1 US-$ zu Yen steigt von 2000 auf 2002 um 17,6 %, sinkt dann jedoch bis auf 79,8 Yen in 2011 und 2012. Seitdem erhöht er sich wieder erheblich. Die Kursentwicklung verläuft hier im Großen und Ganzen **umgekehrt zur Entwicklung des BIP:** Steigt der Wechselkurs, lässt das BIP nach; sinkt der Wechselkurs, nimmt das BIP zu. BIP Inflationsrate Leitzins Wechselkurs

Die Tabelle M 5 gibt Zahlen von Eurostat für 2006 – 2013 zur **Veränderung des realen BIP weltweit** im Vergleich zum Vorjahr an. Quellenangabe, Kurzbeschreibung M 5

Das deutliche Wachstum der weltweiten Wirtschaft in 2006 und 2007 lässt bereits 2008 nach. 2009 jedoch gibt es einen Einbruch auf 0,0 %: Die Auswirkungen der **Finanzkrise** bzw. der Subprime-Krise ab 2007 werden durch die **Staatsschuldenkrise** in den südlichen EU-Ländern nun noch verschärft. Die darauffol- detaillierte Beschreibung gende starke prozentuale Zunahme der Wirtschaftskraft ist wie die Veränderung des japanischen BIP zur gleichen Zeit zu erklären. Seit 2012 scheint sich das weltweite Wirtschaftswachstum auf ca. 3,7 % einzupendeln.

Rückgriff auf die Aufgabenstellung

Die Materialien M 4 und M 5 liefern somit folgende Ansätze zur Überprüfung des Erfolgs der wirtschaftspolitischen Vorgehensweise Japans:

Analyse der japanischen Politik

Da es sich bei der Politik der japanischen Regierung laut M 2 um eine Verschärfung ihrer bisherigen Strategie handelt (vgl. Z. 6), können deren Konsequenzen anhand der vorliegenden Statistiken untersucht werden. Bisher hatte die Politik des „billigen Geldes" sehr unterschiedliche Auswirkungen. Ein **sinkender Wechselkurs** ging tendenziell mit einer Zunahme des nominalen BIP einher – und umgekehrt. Lag der **Leitzins bei 0 %**, gab es eine positive Veränderung des realen BIP, diese wurde zum Teil jedoch auch bei einem höheren Leitzins erreicht. Seit 2009 wird der **sinkende Leitzins** zwar von einem Anstieg des nominalen BIP begleitet, doch durch die **Inflationsrate** verhält sich die Entwicklung des realen BIP zum Teil entgegengesetzt.

Ob der Yen zwischen 2000 und 2013 – etwa durch **Wertpapierkäufe** der Zentralbank in Dollar oder Euro – vergleichsweise billig war, lässt sich anhand der vorliegenden Daten nicht erkennen. Ebenso wenig geht hieraus hervor, ob die Ziele der Regierung, also ein **Ankurbeln der Exporte** und ein **Senken der Arbeitslosigkeit** erreicht werden konnten. Zudem gibt es keine Informationen zur Höhe der **Staatsschulden**.

Fazit

Somit lässt sich festhalten, dass die Politik der japanischen Regierung erfolgreich sein **kann**. Allerdings ist auch die japanische Wirtschaft **abhängig vom Weltmarkt** (vgl. M 5). Hier spielen viele unvorhersehbare und von der japanischen Regierung nicht beeinflussbare Faktoren eine Rolle, wie etwa ein Wachstumseinbruch in China. Falls die japanische Politik also zu einer Gefahr für die Weltwirtschaft wird (vgl. M 2, Z. 27 ff.), könnte sich dies auch negativ auf Japans eigene Wirtschaft auswirken.

3. a) *Das Erläutern des Magischen Vierecks erfordert von Ihnen nach einer Kurzinformation zu Begriff und Entstehung eine zusammenhängende Beschreibung der einzelnen Eckpunkte und eine Veranschaulichung anhand von Beispielen.*

Einstieg: Einordnung des StabG in historischen Rahmen

Die infolge des Zweiten Weltkriegs und der Währungsreform in Westdeutschland entwickelte Wirtschaftspolitik wird als **Soziale Marktwirtschaft** bezeichnet. Hier wird dem Staat die Aufgabe übertragen, in ökonomische und gesellschaftliche Bereiche einzugreifen, in denen Fehlentwicklungen sichtbar oder zu erwarten sind.

Ziele des StabG

Den rechtlichen Rahmen für das Handeln des Staates in der Sozialen Marktwirtschaft bildet das Stabilitäts- und Wachstumsgesetz (StabG). Hier werden **Preisniveaustabilität**, ein **hoher Beschäftigungsstand**, ein **stetiges und angemessenes Wirtschaftswachstum** und ein **außenwirtschaftliches Gleichgewicht** als Mittel zur Erreichung eines gesamtwirtschaftlichen Gleichgewichts (Art. 109 (2) GG) festgelegt.

Preisniveaustabilität

Die Stabilität des Preisniveaus wird durch die **Inflationsrate** gemessen. Dazu wird ein **Warenkorb** mit den Gütern zusammengestellt, die den Verbrauch eines Privathaushalts repräsentieren – von Nahrungsmitteln über Kinobesuche bis zum verbrauchten Kraftstoff. Etwa alle fünf Jahre werden Warenkörbe angepasst, da sich der Konsum im Laufe der Zeit verändert. Die Preise für diese Güter werden monatlich erhoben und bilden im Vergleich zu den Preisen des Vormonats oder Vorjahres die Inflationsrate. Wenn diese negativ ist, spricht man von **Deflation**, bei der die **Kaufkraft** im Gegensatz zur Inflation steigt. Die EZB spricht bei einer Inflationsrate von unter, aber nahe bei 2 % von Preisstabilität.

hoher Beschäftigungsstand

Ein hoher Beschäftigungsstand ist bei einer geringen Arbeitslosigkeit erreicht. Von **Vollbeschäftigung** wird zumeist bei **Arbeitslosenquoten** von 2–4 % gesprochen. Berechnet wird diese Quote, indem der Anteil der registrierten Arbeitslosen zur Zahl aller zivilen Erwerbspersonen (also Arbeitslose und Erwerbsstätige) ins Verhältnis gesetzt und das Ergebnis mit 100 multipliziert wird. Personen, die sich nicht arbeitslos gemeldet haben oder sich etwa in Umschulungsmaßnahmen befinden, bleiben unberücksichtigt.

außenwirtschaftliches Gleichgewicht

Ein Indikator für das außenwirtschaftliche Gleichgewicht ist die **Außenbeitragsquote**. Der Außenhandelssaldo, also die Differenz zwischen dem Geldwert aller Exporte und dem aller Importe, wird durch das nominale BIP geteilt, das Ergebnis mit 100 multipliziert. Übersteigen die Exporte die Importe, kann einerseits eine **importierte Inflation** entstehen, andererseits können **Arbeitsplätze gesichert** werden. Da Deutschland den größten Teil seines Außenhandels mit europäischen Ländern abwickelt, ist die Gefahr der importierten Inflation durch die gemeinsame Währung hier geringer. Länder mit dauerhaft negativer Außenbeitragsquote verschulden sich im Ausland und werden dadurch wirtschaftlich instabil.

stetiges und angemessenes Wirtschaftswachstum

Wirtschaftswachstum zeigt als Staatsziel die Bedeutung der **Wohlstandszunahme**. Um diese messen zu können, wird vierteljährlich das BIP erhoben: die Summe der im Inland produzierten Güter und Dienstleistungen für den Endverbrauch. Damit Preissteigerungsraten einen Vergleich des BIP auch über längere Zeiträume hinweg nicht beeinflussen, wird das **reale BIP**, die preisbereinigte Summe, ermittelt.

„Wohlstand“

Diese Form der Wohlstandsmessung gerät zunehmend in die Kritik, da sie nichts über die Entwicklung des individuellen Wohlstands und der Lebensqualität aussagt.

„Magisches“ Viereck, Zielkonflikte

Diese Ziele werden oft als Viereck veranschaulicht. Das Problem ist die **Unvereinbarkeit bestimmter Ziele:** Alle Ziele gleichzeitig zu erreichen, wäre quasi „magisch“. Dies zeigt sich beispielsweise, wenn eine Regierung versucht, den **Export zu fördern:** In den meisten Volkswirtschaften steigt dadurch auch der Import von Rohstoffen und Vorprodukten, sodass die **Außenbeitragsquote nur wenig** beeinflusst wird. Es entstehen **mehr Arbeitsplätze**, wodurch die Kaufkraft im Land steigt. Da die Waren exportiert werden, **steigen die Preise** für die im Land verbleibenden Produkte.

3. b) *Sie sind aufgefordert, Pro- und Kontra-Argumente zu der Frage aufzuführen, ob die Politik die Vorgaben des StabG noch ausfüllen kann, obwohl durch die EZB und die Gemeinschaftswährung Steuerungsmöglichkeiten eines souveränen Staates abgegeben wurden. Auf der Basis dieser Argumente sollen Sie zu einem begründeten Urteil kommen. Je nach Argumentation kann es sich um ein positives oder ein negatives Gesamturteil handeln; wichtig ist, dass es sich schlüssig aus den angeführten Argumenten ergibt.*

Einstieg: Erläuterung des eigenen Vorgehens

Um ein begründetes Urteil fällen zu können, müssen die verbliebenen Einflussmöglichkeiten des deutschen Staates in Bezug auf alle Vorgaben des StabG im **Vergleich** zu den Möglichkeiten eines ökonomisch völlig souveränen Staates überprüft werden.

Preisstabilität

Die Preisstabilität kann ein Staat grundsätzlich durch zwei Instrumente beeinflussen – vorausgesetzt, die Zentralbank folgt der Politik der Regierung: Bei steigendem Preisniveau kann durch die **Verteuerung der Interbankkredite** durch einen höheren Zinssatz die **Geldumlaufgeschwindigkeit** verringert werden. Durch den **Verkauf von Wertpapieren** schöpft die Zentralbank Geld ab und verringert so die vorhandene **Geldmenge**. Damit steht für die zum Verkauf stehenden Güter weniger Geld zur Verfügung; die Preise können nicht weiter steigen. Zwar wird im Euroraum die Geldmenge schwerpunktmäßig von der EZB gesteuert, aber die Bundesbank hat die physische Umlauffähigkeit des Geldes zu sichern. Die durch die EZB stärker als durch die Einzelstaaten beeinflusste Geldmenge verteilt sich auf die 18 Euroländer, sodass für Deutschland nicht unbedingt weiter reichende Folgen entstehen. Die klassischen Methoden der

Preisbeeinflussung sind also auch im Euroraum vorhanden, wenngleich für den einzelnen Staat nur in einem vorgegebenen Rahmen. Daraus resultiert eine Einschränkung der Handlungsfähigkeit des deutschen Staates.

Beschäftigungsstand

Dass der Beschäftigungsstand immer noch von den einzelnen Staaten beeinflusst werden kann, zeigen die sehr unterschiedlichen Arbeitslosenquoten in der EU. Diese hängen v. a. von der **Binnen- und Infrastruktur der Staaten** ab: Arbeitsmarktregelungen, soziale Absicherung, Innovations- und Bildungsförderung etc. sind von Staat zu Staat unterschiedlich. Durch die **engen wirtschaftlichen Verknüpfungen** der EU-Staaten kann die Wirksamkeit nationaler politischer Maßnahmen jedoch durch die Situation in anderen EU-Ländern beeinträchtigt werden.

außenwirtschaftliches Gleichgewicht

Das außenwirtschaftliche Gleichgewicht hängt stark von den Herkunftsländern der Importe und den Zielgebieten der Exporte ab. Die Bundesrepublik bezieht einen Großteil der Energieimporte und der industriell benötigten Rohstoffe von Staaten außerhalb des Euroraums. Dabei sind v. a. die **Währungsrelationen zum US-Dollar** relevant. Diese gelten für den gesamten Euroraum, stehen also nicht unter der Kontrolle der Bundesrepublik. Da die meisten Exporte in andere Euroländer gehen, spielt die Währung hierbei keine Rolle. Wichtig ist jedoch, dass die **Eurozone als Wirtschaftsraum** gegenüber dem Dollar oder dem Rubel etc. wesentlich stärker ist, als es ein Einzelstaat sein könnte. Das heißt, das dritte Staatsziel des StabG kann Deutschland zwar eigenständig verfolgen; ob ein außenwirtschaftliches Gleichgewicht erreicht wird, hängt aber durchaus davon ab, wie gut der Euro(raum) insgesamt wirtschaftlich dasteht.

Wirtschaftswachstum

Das Wirtschaftswachstum liegt weiterhin im **Verantwortungsbereich des Einzelstaats:** Es ist im Grunde das Resultat von Preisstabilität, hohem Beschäftigungsstand und funktionierendem internationalen Austausch. Der einzelne EU-Staat ist allerdings abhängig von **weltwirtschaftlichen Entwicklungen** und – aufgrund der engen Verflechtungen in der EU – v. a. von der **wirtschaftlichen Situation anderer EU-Länder**. Es zeigt sich immer wieder, dass die Einzelstaaten mit unterschiedlichem Handeln sehr unterschiedliche Ergebnisse erzielen.

Fazit

Als Quintessenz lässt sich festhalten, dass die Vorgaben des Art. 109 (2) GG und die Ziele des daraus abgeleiteten StabG auch im Euroraum von der nationalstaatlichen Politik umgesetzt bzw. verfolgt werden können.

4. *Der Operator „gestalten“ ermöglicht unterschiedliche Lösungen. Die Zielorientierung erfordert dabei allerdings das Einhalten der Perspektive einer überregionalen, renommierten Tageszeitung. Entsprechend der Rollenorientierung (Kommentator) müssen Sie Ihren Standpunkt pointiert und sprachlich gehoben deutlich machen. Die inhaltliche Ausrichtung sowie die Länge Ihres Kommentars sind für die Bewertung unerheblich. Relevant sind dagegen Überzeugungskraft und Aufbau der Argumentation. Der Bezug zur Karikatur bleibt Ihnen freigestellt.*

Einstieg: Bezugnahme auf M 1

„Eigentum verpflichtet. Sein Gebrauch soll zugleich dem Wohle der Allgemeinheit dienen.“ Dieser Satz entstammt keinem linken Parteiprogramm, sondern ist der Wortlaut von Art. 14 (2) GG. Dieser dient als Basis für den **Ausgleich** zwischen Schwachen und Starken sowie für die stärkere Belastung Letzterer zum **Wohle der Allgemeinheit**.

Überleitung

Das ist die moralische **Begründung für unsere Steuergesetze**, die ebenso einzuhalten sind wie das „Rechts vor Links“ der Straßenverkehrsordnung.

Argumentation

Natürlich ist es lästig, wenn ich von meiner verdienten Million 450 000 Euro an den Staat zahlen muss, der damit möglicherweise etwas macht, was ich nicht will, z. B. eine „Herdprämie“ zu bezahlen. Aber hat mir der Staat nicht erst durch **kostenlose Bildung** und **Infrastruktur**, durch Rechtssicherheit und garantierte Grundversorgung die Möglichkeit gegeben, diese Million zu verdienen? Soll er dafür nicht das Recht haben, seine Kosten von mir zurückzufordern, wenn ich es mir schon leisten kann? Macht es nicht einen Unterschied, ob ich bei der jährlichen Steuererklärung versuche, die Ausgaben für einen Roman als Werbungskosten auszugeben, oder ob ich mit **krimineller Energie** und der Unterstützung ebenso krimineller Banken einen Gutteil meines Einkommens aus der Republik hinausschleuse, um es in Zypern, Österreich oder der Schweiz weißwaschen zu lassen?
Das ist ja nicht nur eine Frage der Größenordnung, sondern grundsätzlich auch der Moral. Bei Bertolt Brecht heißt es: „Erst kommt das Fressen, dann die Moral.“ Aber das bezieht sich auf diejenigen, die um ihr Überleben kämpfen müssen.

Fazit/Ausblick

Bei der Schwarzgeldwäsche geht es nicht ums Überleben, sondern um die **Habgier** derjenigen, die schon genug haben. Wenn die der Gesellschaft die **Solidarität** aufkündigen, die ihnen gewährleistet wurde, dann zerstört das die Basis unserer Gesellschaft. Und wenn ihnen Eurostaaten wie Zypern auch noch dabei helfen, dann kündigen diese die Solidarität unserer Währungsgemeinschaft auf und dürfen nicht glauben, dass wir ihnen im Falle des Falles helfen werden.

Abiturprüfung Gemeinschaftskunde – Baden-Württemberg
Übungsaufgabe 4: Wirtschaftliche Dynamik und Wirtschaftspolitik

Leitthema: Gesetzlicher Mindestlohn – Eine sinnvolle Lösung?

Kontextualisierung: Die große Koalition hat die Einführung eines gesetzlichen Mindestlohns beschlossen. Ab dem 1. 1. 2015 soll dieser brutto 8,50 € pro Stunde betragen.

Aufgaben:

1.	Arbeiten Sie aus M 2 und M 3 heraus, welche Folgen ein gesetzlicher Mindestlohn in Deutschland haben könnte und wie sich gesetzliche Mindestlöhne in anderen Staaten auswirken.	18 VP
2.	Analysieren Sie die in M 4 dargestellte Lage.	10 VP
3.	Überprüfen Sie unter Einbeziehung der Materialien, wie sich die Einführung eines gesetzlichen Mindestlohns auf die Wirtschaftsakteure auswirken würde.	10 VP
4.	Erläutern Sie Probleme, die trotz einem tariflichen Mindestlohn entstehen bzw. bestehen können.	10 VP
5.	Gestalten Sie den Text für einen Flyer der Piratenpartei zum Thema „Gesetzlicher Mindestlohn".	12 VP
		60 VP

M 1 Grundgesetz

M 2 Jan-Ole Kraksdorf, Welche Auswirkungen hätte ein Mindestlohn?

Der Bundesrat hat mit seiner neuen Mehrheit aus SPD, Grünen und Linken nach der Niedersachsen-Wahl die Einführung eines flächendeckenden Mindestlohns angestoßen. Die Länderkammer stimmte für einen Gesetzentwurf, der einen Stundenlohn von mindestens 8,50 Euro vorsieht. Im Bundestag dürfte die Initiative jedoch an der schwarz-gelben Regierungsmehrheit scheitern […].

Sollte der Mindestlohn eingeführt werden, wäre Deutschland bereits das 21. Land der Europäischen Union mit einem solchen Gesetz. Außerdem gibt es das Instrument in Kroatien und der Türkei sowie in Argentinien, Australien, Brasilien, Japan, Kanada, Korea, Neuseeland und den USA. 14 EU-Länder haben zu Jahresbeginn die Mindestlöhne angehoben. In Griechenland sank die Lohnuntergrenze um 23 Prozent auf 3,35 Euro je Stunde […].

In Frankreich ist der allgemein garantierte, gesetzliche Mindestlohn zu Jahresbeginn auf 9,43 Euro je Stunde angehoben worden. Bei einer ebenfalls gesetzlich festgelegten 35-Stunden-Woche bedeutet dies, dass kein Arbeitnehmer weniger als 1 430,22 Euro im Monat verdienen darf. Frankreich hat den Mindestlohn bereits 1946 eingeführt. Allerdings wurde der SMIC *(salaire minimum interprofessionnel de croissance)* mehrfach modifiziert. So entlastete die Regierung nach einer kräftigen Anhebung des Mindestlohns im Jahr 2003 die Arbeitgeber durch sinkende Beiträge [...].

Ziel des Mindestlohns ist es, prekäre Arbeitsverhältnisse aufzuwerten. Es soll verhindert werden, dass Arbeitnehmer trotz ihres Jobs unter der Armutsgrenze leben und gegebenenfalls zusätzlich Sozialhilfe in Anspruch nehmen müssen [...]. Das arbeitgebernahe Institut der deutschen Wirtschaft in Köln (IW) sieht aber nur ein geringes Armutsrisiko [...]. Dagegen gefährde der Mindestlohn Arbeitsplätze.

Gleich mehrere Studien behaupten das Gegenteil. So haben drei Forscher der University of London festgestellt, dass seit Einführung des Mindestlohns in Großbritannien im Jahr 1999 keinerlei Jobs verloren gegangen seien. Die Einkommen in den Niedriglohnbranchen seien gestiegen. Zu einem ähnlichen Ergebnis kommt auch eine Studie der Universität Berkeley. In langfristig angelegten Vergleichen kam den Angaben zufolge heraus, dass Arbeitgeber nicht mit Entlassungen auf die Einführung von Mindestlöhnen reagierten [...].

Auch in Deutschland gibt es bereits Lohnuntergrenzen in elf Branchen. Einem Bericht der Bundesregierung aus dem Jahr 2011 zufolge haben die Mindestlöhne keine Auswirkungen auf das Beschäftigungsniveau in den jeweiligen Branchen gehabt, wohl aber auf die Gehaltsstruktur, da in vielen Unternehmen der Mindestlohn zum Standard geworden sei.

Trotzdem hätte ein gesetzlich garantierter Mindestlohn deutliche Folgen. Berechnungen des IW zufolge würden 19 Prozent aller Beschäftigten in Deutschland unter das Gesetz fallen. Das wären etwa 6,1 Millionen Menschen. In Frankreich betrifft die Mindestlohnregel 13 Prozent aller Arbeitnehmer, in Großbritannien nur etwa fünf Prozent [...].

Aus: www.heute.de, 1. 3. 2013

M 3 Gesetzliche Mindestlöhne pro Stunde 2013 (Angaben in Euro zum 1. 1. 2013; Umrechnung in Euro zum Jahresdurchschnittskurs 2012)

Luxemburg	10,83	Portugal	2,92
Frankreich	9,43	Polen	2,21
Belgien	9,10	Ungarn	1,95
Niederlande	9,01	Slowakei	1,94
Irland	8,65	Tschechien	1,91
Großbritannien	7,63	Estland	1,90
Slowenien	4,53	Litauen	1,76
Malta	4,06	Lettland	1,71
Spanien	3,91	Bulgarien	0,95
Griechenland	3,35	Rumänien	0,92

Aus: WSI-Mindestlohndatenbank 2013

M 4 Thomas Öchsner, Viele deutsche Firmen unterlaufen Mindestlohn

Sie bauen Bürotürme, pflegen Menschen oder bewachen Gebäude, viele Arbeitnehmer haben in ihrer Branche Anspruch auf einen Mindestlohn. Nicht selten stehen diese Lohnuntergrenzen jedoch nur auf dem Papier. In deutschen Betrieben werden die Vorschriften nach wie vor häufig unterlaufen. Dies zeigt eine neue Bilanz der Bundesregierung für das Jahr 2012, die der Süddeutschen Zeitung vorliegt.

Danach wurde im vergangenen Jahr allein in der Bauwirtschaft in 1 690 Fällen ein Ermittlungsverfahren eingeleitet, weil der Mindestlohn nicht bezahlt wurde [...]. Die Zahlen hat das Bundesfinanzministerium auf Anfrage der Grünen im Bundestag zusammengestellt.

In Deutschland waren bislang für knapp fünf Millionen Beschäftigte in 13 Branchen Lohnuntergrenzen vereinbart. Die Friseure kommen mit einem Mindestlohn von 8,50 Euro jetzt dazu. Für die Überwachung der korrekten Bezahlung und die Suche nach illegal Beschäftigten sind die Beamten der Finanzkontrolle Schwarzarbeit (FKS) des Zolls zuständig [...].

Ihre Kapazitäten sind allerdings begrenzt: In einer Antwort auf eine weitere Grünen-Anfrage gab das Finanzministerium an, dass von den 6 769 ausgewiesenen Planstellen für 2013 in der FKS Schwarzarbeit „rechnerisch 495 Planstellen am 1. Juni 2012 unbesetzt" gewesen seien. Hinzu kommt: Die Kontrollen gelten als extrem zeitaufwendig und kompliziert. Hunderttausende Betriebe gäbe es zu inspizieren. Allein am Bau sind es etwa 70 000 mit 750 000 Beschäftigten.

Nach Angaben der Bundesregierung wurden 2012 genau 26 775 Arbeitgeber im Bauhaupt- und Baunebengewerbe kontrolliert. Wegen Verstößen gegen Mindestlohn-Vorschriften wurden demnach Bußgelder von fast zwölf Millionen Euro verhängt [...].

Hilger Leprich, Vorsitzender der Deutschen Zoll- und Finanzgewerkschaft BDZ, spricht [...] von „einem dringenden Handlungsbedarf. Die Kontrollen der Mindestlöhne sind nicht ausreichend. Wenn ich einen Schlachthof habe, müssen unsere Leute dort eigentlich ein- bis zweimal im Jahr auftauchen", sagt er. Der Gewerkschaftschef sieht ein grundsätzliches Problem: Als die Finanzkontrolle Schwarzarbeit unter Schäubles Vorgänger Hans Eichel (SPD) geschaffen wurde, sei von der Kontrolle der Mindestlöhne gar nicht die Rede gewesen. Nun müssten die Zollbeamten diese Aufgabe zusätzlich übernehmen, obwohl nicht einmal die von Eichel vorgesehene Zahl der Planstellen von 7 000 erfüllt sei [...].

Aus: www.sueddeutsche.de, 25. 4. 2013

M 5a Mindestlohn

Scharwel, 21. 12. 2011, Schwarwel/toonpool.com

M 5 b Minimum Wage

"WE'D LIKE TO PAY YOU WHAT YOU'RE WORTH, TOO, FENSTROM. UNFORTUNATELY, WE MUST CONFORM TO THE MINIMUM WAGE LAW."

Elton Pletcher/Cartoonstock.com

Anmerkungen

Titel der Karikatur: Mindestlohn.

Aussage in der Karikatur: „Wir würden Ihnen gerne das bezahlen, was Sie wert sind, Fenstrom. Aber leider müssen wir uns an das Mindestlohngesetz halten."

Lösungsvorschlag

Die Lösungsvorschläge stellen nur eine mögliche Antwort dar. Andere Lösungsmöglichkeiten sind zugelassen, wenn sie der Aufgabenstellung entsprechen und sachlich richtig sind.

1. *„Herausarbeiten" bedeutet hier, dass Sie die zentralen in M 2 genannten Gesichtspunkte nennen und M 3 vor diesem Hintergrund analysieren müssen. Dazu ist eine zusammenhängende Beschreibung der Statistik mit Hervorhebung der Besonderheiten (tendenzielle Entwicklung, „Ausreißer" etc.) notwendig. Zur Erreichung der vollen Punktzahl sind die formalen Kriterien (Kurzcharakterisierung der Quelle, wörtliche Zitate mit Zeilenangaben, zusammengefasste Aussagen mit Textverweisen, Nutzung der indirekten Rede) einzuhalten.*

Quellenangabe, Kurzzusammenfassung von M 2

Der vorliegende Ausschnitt des Beitrags von Jan-Ole Kraksdorf, der am 1. 3. 2013 auf heute.de veröffentlicht wurde, setzt sich mit einer möglichen **Einführung eines gesetzlichen Mindestlohns** in Deutschland auseinander. Anlass war die Bundesratsinitiative von SPD, Bündnis 90/Die Grünen und Die Linke zur gesetzlichen Verankerung eines Mindestlohns von 8,50 € (vgl. Z. 1 ff.).

Folgen eines Mindestlohns

Kraksdorf betont, dass eine solche Regelung in vielen anderen Ländern bereits bestehe (vgl. Z. 7 ff.). In Frankreich sei durch gleichzeitige Begrenzung der Wochenarbeitszeit sogar quasi ein **Mindestmonatslohn** festgelegt worden (vgl. Z. 13 ff.). Jedoch sei man hier auch den Arbeitgebern „durch sinkende Beiträge" (Z. 20) entgegengekommen.
Grundsätzlich sei es Ziel eines Mindestlohns, „**prekäre Arbeitsverhältnisse** aufzuwerten" (Z. 21). Dadurch solle es allen Arbeitnehmern ermöglicht werden, von einem Vollzeitjob **oberhalb der Armutsgrenze** zu leben (vgl. Z. 21 ff.).
Laut dem arbeitgebernahen Forschungsinstitut IW Köln **gefährde** ein gesetzlicher Mindestlohn jedoch **Arbeitsplätze** (vgl. Z. 24 ff.). Dagegen sprächen Studien aus Großbritannien und den USA, die an konkreten Beispielen gezeigt hätten, dass durch Mindestlöhne **keine Entlassungen** drohen (vgl. Z. 27 ff.). Allerdings betreffe der Mindestlohn in Großbritannien nur etwa 5 % aller Beschäftigten (vgl. Z. 43), während nach Angaben des IW Köln in Deutschland **19 % betroffen** wären (vgl. Z. 39 ff.).
Auch die Bundesregierung habe 2011 festgestellt, dass zumindest **branchenbezogene Mindestlöhne keinen Einfluss auf die Beschäftigtenzahlen** gehabt hätten (vgl. Z. 34 ff.). Dagegen sei „in vielen Unternehmen der **Mindestlohn zum Standard** geworden" (Z. 37 f.).

Die Statistik aus der WSI-Mindestlohndatenbank 2013 listet die Mindeststundenlöhne zum 1. 1. 2013 in 20 europäischen Ländern in Euro auf. Dabei zeigt sich eine Bandbreite von fast 10 €. Als **wohlhabend geltende Staaten** wie Luxemburg oder die Niederlande stehen mit mehr als 9 bzw. 10 € erwartungsgemäß an der Spitze der Tabelle, **neuere EU-Mitglieder** wie Tschechien, die Slowakei, die baltischen Staaten, Bulgarien und Rumänien mit weniger als 2 bzw. 1 € an deren Ende. Auffällig ist, dass das Mindestlohnniveau der kriselnden **Mittelmeeranrainer** deutlich unter dem der Spitzengruppe liegt, was darauf hindeutet, dass die Löhne an die wirtschaftliche Entwicklung angepasst wurden (vgl. M 2, Z. 11 f.).

Quellenangabe, Kurzbeschreibung von M 3

Herausarbeiten von Staatengruppen

Frankreich scheint ein Sonderfall zu sein: Ein gesetzlicher Mindestlohn von 9,43 € – und damit der zweithöchste der angegebenen Werte – garantiert hier bei einer Wochenarbeitszeit von 35 Stunden ein Minimaleinkommen von 1 430,22 € (vgl. M 2, Z. 13 ff.). Möglicherweise liegt hier ein wichtiger Grund für die wirtschaftliche Krise in Frankreich, da den Arbeitgebern bei dieser Gesetzeslage ein flexibles Reagieren auf die wirtschaftliche Lage erschwert wird.

Ausnahme

Da M 3 keine Informationen zur Entwicklung der Arbeitnehmerzahlen, ggf. Entlastungen für Arbeitgeber etc. beinhaltet, können hieraus keine Aussagen zu den Folgen der Mindestlöhne in den aufgeführten Staaten abgeleitet werden.

Folgen der Mindestlöhne

Daher lassen die eklatanten Unterschiede zwischen den Mindestlöhnen auch keine Rückschlüsse etwa über die **Armut** in diesen Ländern zu. Hierbei spielt die jeweilige **Höhe der Lebenshaltungskosten** eine Rolle: Die Preise für die landesüblichen Grundnahrungsmittel unterscheiden sich zum Teil erheblich. Des Weiteren bestehen **unterschiedliche Lebensgewohnheiten**, die das Essverhalten, die Wohnsituation und vieles mehr beeinflussen.

2. *Die Analyse verlangt von Ihnen eine systematische Untersuchung des Textes. Die Untersuchung baut auf dem strukturierten Herausarbeiten der Kernaussagen auf, welches den formalen Kriterien entsprechen muss, geht aber zugleich darüber hinaus: Sie sollten auch Entwicklungen benennen, die im Material nicht explizit angesprochen werden, sich aus den Textaussagen aber ableiten lassen.*

Der am 25. 4. 2013 auf der Website der Süddeutschen Zeitung erschienene Artikel von Thomas Öchsner setzt sich mit branchenspezifischen **Lohnuntergrenzen** in Deutschland auseinander (vgl. Z. 1 f.).

Quellenangabe, Kurzzusammenfassung

Ein Bericht der Bundesregierung für 2012 zeige, dass diese Grenzen **in vielen Betrieben unterschritten** würden (vgl. Z. 3 f.). Als Beispiel wird die Baubranche genannt, wo in fast 1 700 Fällen wegen Verstößen gegen die Lohnuntergrenze Ermittlungsverfahren eingeleitet worden seien (vgl. Z. 7 f.). 2012 seien laut Bundesregierung im Baugewerbe ca. 27 000 von etwa 70 000 Betrieben mit insgesamt 750 000 Beschäftigten kontrolliert worden (vgl. Z. 21 ff.). Verstöße gegen Lohnuntergrenzen

Das heißt, bei immerhin gut 6 % der kontrollierten Arbeitgeber wurden Verstöße festgestellt. Würde man alle Betriebe – statt nur ca. 39 % – kontrollieren, wäre also mit insgesamt ca. 4 200 Ermittlungsverfahren zu rechnen. Ausgehend von der durchschnittlichen Beschäftigungszahl in der Branche wäre 45 000 Mitarbeitern zu wenig Lohn bezahlt worden. Die **tarifliche Vereinbarung** eines Mindestlohns ist also **nicht ausreichend:** Die Einhaltung der Standards muss auch kontrolliert werden.

Doch genau das bereitet laut dem Vorsitzenden der Deutschen Zoll- und Finanzgewerkschaft Leprich Probleme: Die von der vorletzten Regierung geschaffene Zollabteilung zur Verfolgung der Schwarzarbeit habe die Kontrolle der Mindestlöhne nun zusätzlich übertragen bekommen (vgl. Z. 31 ff.). Dabei sei der **Personalbestand** jedoch nicht nur nicht erhöht worden, sondern auch die bewilligten knapp 7 000 Planstellen seien gar nicht vollständig besetzt (vgl. Z. 35 f.). Dies wird von Opposition (vgl. Z. 9 f., 16 f.) und Gewerkschaften (vgl. Z. 27 ff.) bemängelt. Anforderungen an Kontrollen

Leprich wird auch mit einem Beispiel für **wirkungsvolle Kontrollen** zitiert: Schlachthöfe müssten ein- bis zweimal pro Jahr überprüft werden (vgl. Z. 29 ff.). Für die Bauwirtschaft würde dies bedeuten, dass jährlich bis zu 140 000 Kontrollen durchzuführen wären, was gut fünfmal so viele wären wie zurzeit.

Zieht man die 2012 verhängten Bußgelder in der Branche (vgl. Z. 24 ff.) und eine „Trefferquote“ von 6 % der kontrollierten Betriebe als Basis heran, könnte der Staat damit **bis zu 60 Mio. € einnehmen** – sicherlich ein Vielfaches dessen, was die zusätzlichen Kontrollen kosten würden.

Zusammenfassend ist also festzuhalten, dass tariflich vereinbarte Mindestlöhne solange für die Beschäftigten **keine Sicherheit** bieten, bis die Einhaltung dieser Regelungen wirksam kontrolliert wird. Fazit

3. *Hier sollen Sie eine konkrete Maßnahme, nämlich die Einführung eines gesetzlichen Mindestlohns, auf ihre Folgen hin prüfen. Dabei müssen Sie Bezüge zu den Materialien herstellen – welche Materialien Sie einbeziehen, bleibt Ihnen überlassen. Es empfiehlt sich, erst einmal eine Differenzierung zwischen gesetzlichem und tariflichem Mindestlohn vorzunehmen.*

Ein **gesetzlicher Mindestlohn** würde sich klar von dem in M 4 behandelten tariflichen Mindestlohn unterscheiden: Der Gesetzgeber würde **einheitliche Lohnuntergrenzen für alle Arbeitnehmer** in der Bundesrepublik vorschreiben. Die Überwachung wäre wie bei jedem Gesetz Aufgabe der Verwaltung und der Polizei.

Einstieg: begriffliche Differenzierung

Beim **tariflich vereinbarten Mindestlohn** kann es dagegen wie bei allen Flächentarifverträgen **regionale Unterschiede** geben. Großunternehmen wie VW können zudem eigene Tarifverträge abschließen, sodass diese Lohnuntergrenzen auch **branchenspezifisch** sein können. Ein Unternehmen kann **aus dem Arbeitgeberverband austreten** und den **Tarifvertrag kündigen**; dann ist es nicht mehr an diesen gebunden.

Um die Einführung eines gesetzlichen Mindestlohns beurteilen zu können, muss man die **Wirtschaftsakteure** betrachten, die davon betroffen wären.

Folgen eines Mindestlohns für …

Der Staat würde durch die Legislative einen solchen Mindestlohn überhaupt erst möglich machen. Ein Stundenlohn von 8,50 € wäre dabei zwischen den Mindestlöhnen in Großbritannien und Frankreich angesiedelt (vgl. M 3). Erhalten dann alle Arbeitnehmer diesen Lohn, entfallen für die **Sozialversicherungen** erhebliche Kosten für die Bezuschussung der trotz Vollzeittätigkeit in prekären Verhältnissen lebenden Arbeitnehmer (vgl. M 2, Z. 21 ff.). Stattdessen gäbe es Einnahmen durch die **Sozialabgaben** der nun ausreichend entlohnten Arbeitnehmer. Gleichzeitig würden die **Steuereinnahmen** steigen, da von bis zu 19 % der Beschäftigten (vgl. M 2, Z. 40) mehr Lohnsteuern bezahlt würden und durch den einkommensbedingt erhöhten Konsum auch mehr Mehrwert- und Umsatzsteuer anfiele. Die ökonomische Absicherung der Bürger brächte langfristig stabilere staatliche Strukturen und eine stärkere **Zustimmung zum bestehenden System** mit sich.

… Staat

Nachteile entstünden dem Staat ggf. durch den Verlust von **Handlungsmöglichkeiten** in Krisenzeiten: Gesetzliche Mindestlöhne sind in schweren **Wirtschaftskrisen** nur unter Verlust von Arbeitsplätzen durchzuhalten, wodurch die zuvor genannten Vorteile ggf. aufgehoben würden. Regionale Differenzen wie z. B. der industrielle Rückstand in Teilen Ostdeutschlands könnten bei einem einheitlichen Lohnniveau wohl nur durch hohe **Subventionen** ausgeglichen werden (vgl. Situation in Frankreich, M 2, Z. 17 ff.).

Für Arbeitnehmer und Konsumenten ergäben sich eine Reihe von Vorteilen: Wer **Vollzeit** arbeitet, würde **genug verdienen**, um seinen Lebensunterhalt davon bestreiten zu können, ohne „aufstocken“ zu müssen. Um staatliche Hilfe bitten zu müssen,

… private Haushalte

hat für viele Menschen **psychologische Folgen**, die hiermit wegfallen würden. Stattdessen würde das Selbstbewusstsein vieler Arbeitnehmer steigen sowie das Empfinden, in einer gerechten Gesellschaft zu leben. Das Auseinanderdriften beider Seiten der **Einkommensschere** könnte gebremst werden. So würden **gesellschaftliche Spannungen** abgebaut.
Allerdings würde u. U. die **Unsicherheit** von **Arbeitsplätzen** steigen, wenn viele Stellen **wegfallen** oder ins Ausland verlagert würden, die sich bei einer entsprechenden Lohnhöhe nicht mehr durch die Produktivität der Arbeitskräfte tragen würden. Kraksdorf argumentiert jedoch, dass dieser Effekt von gesetzlichen Mindestlöhnen in verschiedenen Studien bisher nicht nachgewiesen werden konnte (vgl. M 2, Z. 27 ff.).
Möglicherweise würde ein gesetzlicher Mindestlohn die grundgesetzlich geschützte **Tarifautonomie** (vgl. Art. 9 GG) und damit die Gewerkschaften, also die Vertreter der Arbeitnehmer, schwächen. Andererseits könnten diese oberhalb der festgelegten Lohnuntergrenze weiterhin Tarifabschlüsse aushandeln, wobei ihre Position eher noch gestärkt wäre.
Für die Unternehmen würden gesetzliche Mindestlöhne erst einmal eine größere Belastung durch **höhere Löhne** und damit auch **Lohnnebenkosten** sowie möglicherweise steigende **Lohnstückkosten** bedeuten. Dadurch könnte die **Wettbewerbsfähigkeit** deutscher Unternehmen auf dem Weltmarkt gefährdet werden, was z. B. zur Verlagerung von Arbeitsplätzen ins Ausland führen könnte. In den USA und Großbritannien waren allerdings keine Entlassungen als Reaktion auf die Einführung von Mindestlöhnen festzustellen (vgl. M 2, Z. 27 ff.). Es gäbe auch die Möglichkeit, dass der Staat die Arbeitgeber etwa durch niedrigere Sozialbeiträge auf der anderen Seite wieder entlastet (vgl. M 2, Z. 18 ff.). ... Unternehmen
Vorteile könnten dadurch entstehen, dass sich die Kaufkraft der Konsumenten erhöht und die Unternehmen binnenwirtschaftlich **mehr absetzen** könnten. Durch eine höhere Motivation der Arbeitnehmer, die nun von ihrer Vollzeittätigkeit angemessen leben könnten, könnte es zu einer **Produktivitätssteigerung** kommen, die Arbeitskräfte würden u. U. seltener durch Krankheitstage fehlen etc. Auch würde ein gesetzlicher Mindestlohn Schutz vor **Lohndumping** durch andere Unternehmen bieten. Denn ein tariflich vereinbarter Mindestlohn scheint viele Arbeitgeber nicht davon abzuhalten, trotzdem niedrigere Löhne zu bezahlen (vgl. M 4, Z. 1 ff.).

4. *Den in der Aufgabenstellung vorgegebenen Sachverhalt – Probleme, die trotz einem tariflichen Mindestlohn ent-/bestehen können – sollen Sie beschreiben und anschaulich mit konkreten Beispielen oder Belegen erklären. Sie sollten in jedem Falle über die Aussagen in M 4 hinausgehen und Ihr im Unterricht erworbenes Wissen einsetzen. Weitere Bezüge zu den Materialien stehen Ihnen frei.*

Einstieg: Bezugnahme auf die Aufgabenstellung

Es gibt eine ganze Reihe von Problemen, die ein tariflich festgelegter Mindestlohn nicht beheben oder nicht verhindern kann. Diese werden im Folgenden an vier Beispielen verdeutlicht.

Beispiel: Leiharbeit

Immer wieder in der öffentlichen Diskussion ist das Phänomen der **Zeitarbeit**, wie es M 5 a aufgreift. Zeit- oder Leiharbeitskräfte werden im Rahmen der **Arbeitnehmerüberlassung** von ihrem Arbeitgeber – einer sogenannten Leiharbeitsfirma – einem weiteren Arbeitgeber überlassen. Zwar gibt es seit dem 1. 11. 2012 eine allgemeinverbindliche Lohnuntergrenze, also einen für allgemeinverbindlich erklärten tariflichen Mindestlohn, für Zeitarbeitnehmer. Da dieser mit aktuell 7,50 € in Ost- und 8,19 € in Westdeutschland aber häufig unter dem Branchentarif der anfordernden Unternehmen liegt, können Leiharbeitskräfte **geringer bezahlt** werden **als Stammarbeitskräfte**. Dadurch kann es innerhalb eines Betriebs zu sehr hohen Lohndifferenzen bei gleicher Tätigkeit kommen.

Beispiel: Unterschiede zwischen Ost und West

Ein weiteres Problem ist die Differenz zwischen den **Löhnen in den neuen und den alten Bundesländern**. Auch 25 Jahre nach der Wiedervereinigung gibt es Einkommensunterschiede bei gleicher Tätigkeit, die sich in den Tarifverträgen widerspiegeln. Gründe hierfür sind v. a. die **höhere Arbeitslosigkeit** und die **geringere Tarifbindung** der Unternehmen in Ostdeutschland. Auch gibt es hier weniger große Betriebe, was auf tendenziell niedrigere Löhne hindeutet. Weitere häufig genannte Rechtfertigungen sind die in vielen Regionen der neuen Bundesländer **niedrigeren Lebenshaltungskosten** und die zum Teil **geringere Arbeitsproduktivität**. Dem folgend wird argumentiert, dass eine zu schnelle Angleichung der Löhne Arbeitsplätze vernichte. Problematisch ist, dass immer mehr Arbeitskräfte aus den neuen Bundesländern abwandern, weil sie woanders deutlich mehr verdienen. Dieses Problem und die langfristigen strukturellen Folgen für die Region können tarifliche Mindestlöhne offensichtlich nicht lösen.

Beispiel: Wirtschaftlichkeit

Von Unternehmerseite wird immer wieder darauf hingewiesen, dass schon jetzt die **Produktivität** vieler Arbeitskräfte nicht ausreiche, um sich selbst zu erwirtschaften: Etwa die Arbeitsplätze Geringqualifizierter, Langzeitarbeitsloser oder Leistungsgeminderter tragen sich häufig nicht selbst. Dabei wird allerdings außer Acht gelassen, dass die Arbeitsproduktivität durch viele

Umstände bedingt ist, die gar nicht vom Beschäftigten selbst abhängen. Aus Unternehmersicht kann jedoch trotz solcher Gegenargumente auch ein „nur" tariflicher Mindestlohn ein zu hoher Lohn sein (vgl. M 5b). Dies wird v. a. zutreffen, wenn eine tarifvertraglich vereinbarte **Lohnuntergrenze** vom Staat für **allgemeinverbindlich** erklärt wird und somit auch für Betriebe gilt, die den Tarifvertrag nicht selbst mit ausgehandelt haben.

Beispiel: Monatslohn

Ein Problem, das nicht allein durch das Festlegen eines Mindestlohns gelöst werden kann, sind die nicht zum Leben ausreichenden Monatseinkommen vieler Menschen. Solange es keine gleichzeitige Festlegung einer minimalen **Wochenarbeitszeit** gibt, wird es weiterhin Arbeitnehmer geben, deren Monatslohn **nicht zum Leben ausreicht**.

Fazit

Den Problemen, die durch einen tariflich festgelegten Mindestlohn entstehen oder durch diesen zumindest nicht behoben werden können, ließe sich somit teilweise auch nicht mit einem **gesetzlichen Mindestlohn** begegnen.

5. *Der Operator „gestalten" ermöglicht unterschiedliche Lösungen. Die Zielorientierung erfordert in diesem Fall das Einhalten der Perspektive der Wahlwerbung; die Rollenorientierung (Piratenpartei) fordert von Ihnen, dass Sie pointiert und sprachlich angepasst Ihre Position vertreten. Bewertet werden hier Überzeugungskraft, Argumentation und Einhaltung der Perspektive – nicht die Länge der Lösung. Das folgende ist nur ein mögliches Beispiel unter vielen.*

Kernaussage

Forderung nach einem gesetzlichen Mindestlohn

Argumentation: Grundgesetz

Der Staat sollte sich nicht in Belange der Bürger einmischen und sie bevormunden, sondern durch klare und verständliche Gesetze dafür sorgen, dass die **Grundrechte** eingehalten werden.
Die unantastbare **Würde des Menschen** (vgl. Art. 1 (1) GG) ist nicht vereinbar mit der Tatsache, dass Menschen, die einer Vollzeitbeschäftigung nachgehen, trotzdem noch Sozialhilfe beantragen müssen, um jeden Monat über die Runden zu kommen.
Die **Gleichheit** der Menschen vor dem Gesetz (vgl. Art. 3 (1) GG) verbietet unterschiedliche Löhne für gleiche Arbeit, also müssen Männer und Frauen, Bürger in West und Bürger in Ost für die gleiche Arbeit auch gleich bezahlt werden.
Eigentum verpflichtet (vgl. Art. 14 (2) GG). Also kann es nicht sein, dass Menschen aus Gewinnsucht andere Menschen so weit ausbeuten, dass diese von ihrer Arbeit nicht mehr leben können.
Das Grundrecht auf **freie Berufswahl** (vgl. Art. 12 (1, 2) GG) steht in engem Zusammenhang mit **Wettbewerb**. Wettbewerb um die niedrigsten Löhne aber ist eines Sozialstaats nicht würdig und verstößt gegen die Menschenrechte. Dumpinglöhne verzerren den Wettbewerb und schaden allen.

Jeder von uns kennt Mitmenschen, bei deren Entlohnung die Unternehmen **trotz tariflicher Vorgaben die Lohnuntergrenzen unterschreiten**; um dem Straftatbestand zu entgehen, scheiden (vgl. Art. 9 (3) GG) diese Unternehmen ganz rechtmäßig einfach aus den Tarifverbünden aus.

Deshalb fordern wir einen **gesetzlichen Mindestlohn für alle Arbeitnehmer in der Bundesrepublik** und die **Strafverschärfung** für Verstöße gegen dieses Gesetz.

ausführliche Forderung

Gesetzliche Mindestlöhne führen dazu, dass
- Bürokratie abgebaut werden kann;
- mehr Menschen von ihrem selbst erarbeiteten Einkommen ein menschenwürdiges Leben führen können und so wieder einen Anschluss an den Rest der Gesellschaft finden;
- der Konsum steigt und so die Wirtschaft angekurbelt wird;
- weniger Menschen einen staatlichen Zuschuss benötigen und so die Soziallasten zurückgehen;
- es mehr staatliche Einnahmen gibt und so Steuern gesenkt oder Schulden abgebaut werden können.

Argumentation: positive Auswirkungen

Verstöße gegen den Mindestlohn sollten von einer Abteilung der Bundesagentur für Arbeit verfolgt werden, die schuldige Unternehmen publik macht. So können Verbraucher ihren Konsum entsprechend anpassen und auch von dieser Seite her die Unternehmen unter Druck setzen, sodass diese von weiteren Verstößen absehen.

konkrete Vorschläge

Abiturprüfung Gemeinschaftskunde – Baden-Württemberg
Übungsaufgabe 5: Politische Institutionen und Prozesse

Leitthema: Junge Demokratie – Wie macht man eine alte Idee zukunftssicher?

Kontextualisierung: Gehen Sie von folgender Annahme aus: Eine parteiunabhängige Stiftung will interessierten Bürgerinnen und Bürgern sowie Experten aus Parteien, Wirtschaft und Gesellschaft in dem Forum „Demokratie geht uns alle an!“ die Möglichkeit bieten, den Zustand der politischen Partizipation in der Bundesrepublik zu beleuchten, mögliche Probleme darzulegen und deren Lösungsmöglichkeiten zu diskutieren. Ziel des Forums ist es, nachhaltige Konzepte für ein größeres politisches Interesse und für mehr politische Beteiligung zu entwickeln. Die Leitfrage der Veranstaltung lautet: „Junge Demokratie – Wie macht man eine alte Idee zukunftssicher?“

Im Vorfeld des Forums werden Sie von der Stiftung gebeten, als Experte Auskunft zu geben (vgl. Aufgaben 1–3) und in einer abschließenden Rede die Leitfrage zu beantworten (vgl. Aufgabe 4).

Aufgaben:

1.	Beschreiben Sie mithilfe der Materialien M 2–M 5 den Zustand der Bürgerbeteiligung in der Bundesrepublik Deutschland.	15 VP
2.	Erläutern Sie ausgehend von der Karikatur M 6 die Bedeutung von Wahlen in einer Demokratie.	10 VP
3.	Analysieren Sie die Grafik M 7 im Hinblick auf den Zusammenhang zwischen Bildungsgrad und politischer Partizipation.	15 VP
4.	Die Leitfrage der Zukunftswerkstatt Demokratie lautet: „Junge Demokratie – Wie macht man eine alte Idee zukunftssicher?“ Gestalten Sie zur Beantwortung dieser Frage eine Rede.	20 VP
		60 VP

M 1 Grundgesetz

M 2 Mit Parteibuch.
Mitglieder der im deutschen Bundestag vertretenen Parteien in 1 000

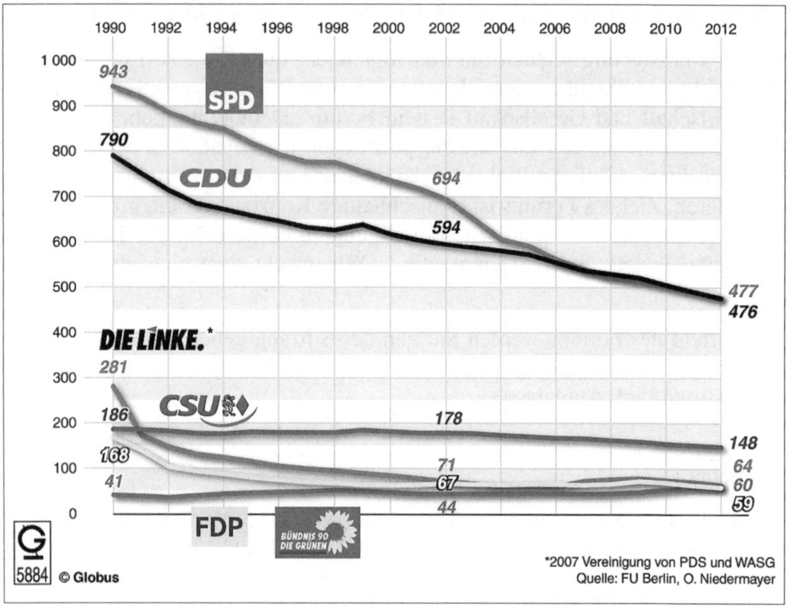

© Globus, picture-alliance/dpa-infografik

M 3 Wahlbeteiligung nach Geschlecht und Altersgruppen. Differenz in Prozentpunkten, Wahlbeteiligung in Prozent, Bundestagswahl 2013

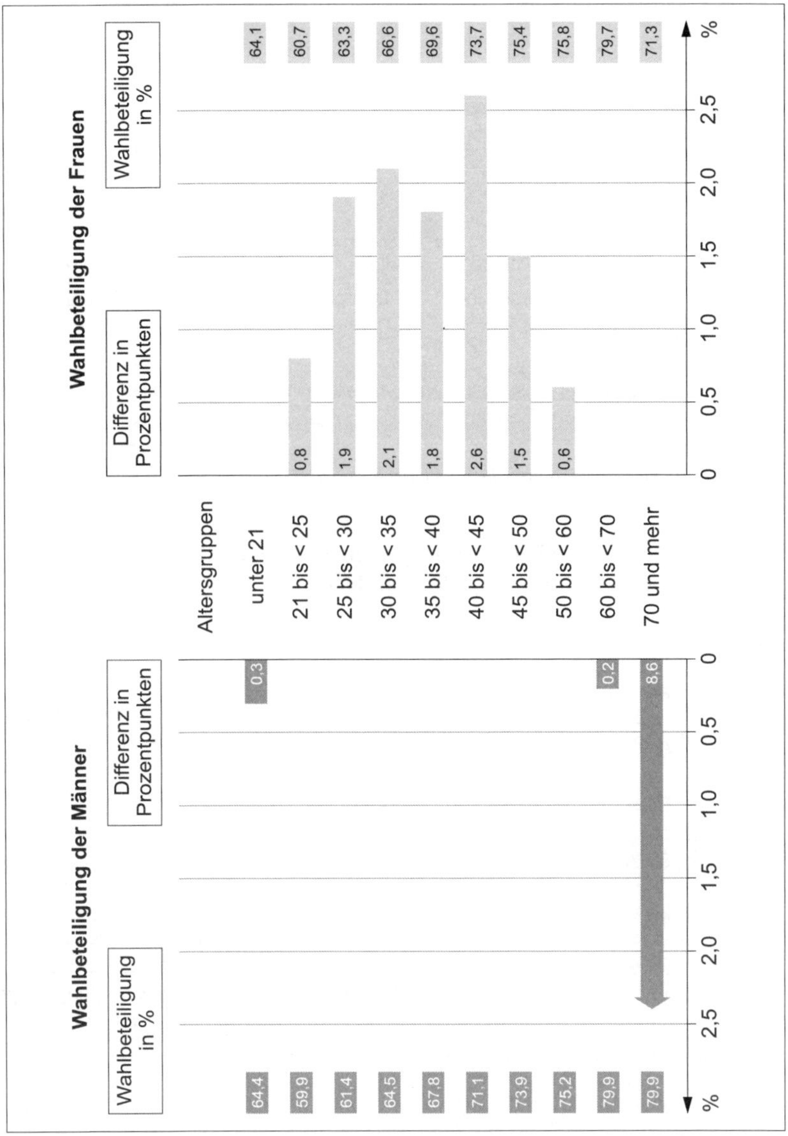

Daten: Bundeswahlleiter, Repräsentative Wahlstatistik (Statistisches Bundesamt)

M 4 Nicht institutionalisierte Beteiligung unter Jüngeren und im Durchschnitt 1998, 2002 und 2008 – in Prozent

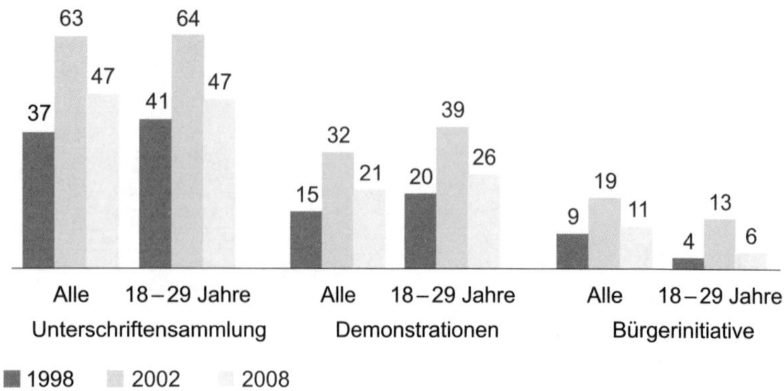

Datenbasis: ALLBUS 1980–2012: bei Haushaltsstichproben transformationsgewichtet. Eigene Berechnungen.

Nach: Statistisches Bundesamt/Datenreport 2013

M 5 Wahlbeteiligung bei den Europawahlen in Deutschland und der Europäischen Union von 1979 bis 2014

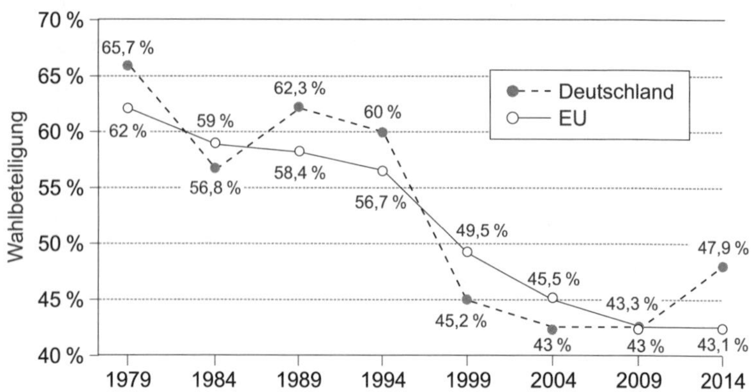

Nach: Europäisches Parlament

M 6 Klaus Stuttmann, 18. 9. 2013

© *Klaus Stuttmann*

M 7 Bildung und verschiedene Partizipationsformen, in Prozent

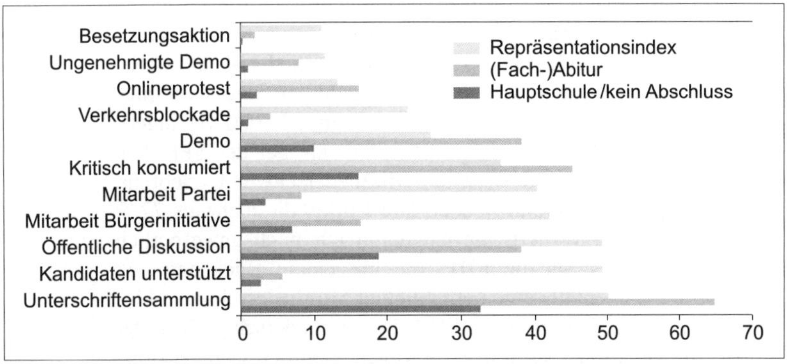

Der Repräsentationsindex spiegelt das Verhältnis der beiden Gruppen zueinander wider. Je geringer der Wert des Repräsentationsindex, desto größer ist die Ungleicheit im Bezug auf die getroffenen Aussagen. Ein Repräsentationsindex von 100 % zeigt eine vollständige Gleichverteilung an.

Datenbasis: Allbus 2008 (Allbus = Allgemeine Bevölkerungsumfrage der Sozialwissenschaften); © Sebastian Bödecker, OBS-Arbeitspapier Nr. 1, Soziale Ungleichheit und politische Partizipation in Deutschland, 2012

Lösungsvorschlag

Die Lösungsvorschläge stellen nur eine mögliche Antwort dar. Andere Lösungsmöglichkeiten sind zugelassen, wenn sie der Aufgabenstellung entsprechen und sachlich richtig sind.

1. *Der Operator „beschreiben" verlangt, dass wesentliche Informationen aus den vorgegebenen Materialien zusammenhängend und schlüssig sowie unter Verwendung angemessener Fachsprache wiedergegeben werden. Angesichts der Fülle der Materialien ist es essenziell, Bedeutsames von weniger Wichtigem zu unterscheiden und die Antwort klar zu strukturieren. Eine detaillierte Wiedergabe aller Zahlen und Werte entspricht nicht der Aufgabenstellung.*

Bei den Materialien M 2–M 5 handelt es sich um Grafiken, die auf Daten aus verlässlichen Quellen basieren und in ihrer Gesamtheit geeignet sind, Aussagen über den Zustand der Bürgerbeteiligung in der Bundesrepublik zu treffen. Einleitung, Bezug zur Aufgabenstellung

Bei M 2 handelt es sich um ein Liniendiagramm von Globus, das die **Entwicklung der Parteimitgliedschaften** aller sechs im Jahr 2012 im Bundestag vertretenen Parteien von 1990 bis 2012 in absoluten Zahlen abbildet. M 2

Besonders auffällig ist, dass v. a. die beiden **Volksparteien SPD und CDU** in den 22 Jahren dramatisch an Mitgliedern verloren haben. Die Zahl der **SPD-Mitglieder** nimmt um 466 000 ab, was fast einer Halbierung gleichkommt. Die SPD wird im Jahr 2012 damit kaum mehr ihrem Ruf als Mitgliederpartei gerecht, denn mit nur noch 477 000 Mitgliedern bleibt sie zwar die mitgliederstärkste Partei, erreicht aber kaum mehr Mitglieder als die **CDU**. Dabei ist zu beachten, dass sich die Anzahl der CDU-Parteimitglieder im dargestellten Zeitraum „nur" um 314 000 verringert, der Einbruch also weniger groß ausfällt als bei der SPD (ca. 40 %). Den prozentual stärksten Mitgliederschwund erlebt im dokumentierten Zeitraum jedoch **Die Linke**, die mehr als 77 % ihrer Mitglieder verliert. Sie hat damit nur noch unwesentlich mehr Mitglieder als die **FDP**, die mit einem Rückgang von knapp 65 % ebenfalls einen erheblichen Mitgliederschwund hinnehmen muss. Damit ist die FDP die mitgliederschwächste der 2012 im Bundestag vertretenen Parteien. Deutlich weniger drastisch verläuft der Mitgliederrückgang der **CSU**. Sie verliert „nur" 38 000 Mitglieder, was jedoch einen Rückgang um mehr als ein Fünftel bedeutet. Einzig den **Grünen** gelingt es, ihre Mitgliederzahl um gut 46 % zu vergrößern, sodass sie 2012 60 000 Mitglieder zählen. Rückgang der Mitgliederzahlen; Ausnahme: Die Grünen

Mit diesen Zahlen allein lässt sich bezüglich der Bürgerbeteiligung in Deutschland **keine fundierte Aussage** treffen, denn ein Rückgang der Parteimitgliedschaften muss nicht mit einem Zwischenfazit

Rückgang der Wahlbeteiligung oder anderen Formen der Partizipation einhergehen. Belegt wird hier lediglich, dass **langfristige Bindungen** an Parteien deutlich **abgenommen** haben.

M 3, ein Balkendiagramm, das auf Daten des Bundeswahlleiters beruht, gibt Aufschluss über die **Wahlbeteiligung** bei den **Bundestagswahlen 2013**. Die prozentualen Angaben sind dabei sowohl nach Geschlecht als auch nach Alter differenziert. M 3

Diese Daten relativieren den Eindruck, dass die Menschen sich von der Politik abwenden. Mit einer durchschnittlichen Wahlbeteiligung von ca. 70 % wird zwar **kein Spitzenwert** wie in den 1970er-Jahren erreicht, eine eklatant niedrige Wahlbeteiligung kann jedoch angesichts dieses Wertes nicht konstatiert werden. durchschnittliche Wahlbeteiligung

Vielmehr scheint es so zu sein, dass sich die Bürger zwar von einer langfristigen Parteibindung abwenden (vgl. M 2), aber durchaus an Bundestagswahlen teilnehmen. Da jedoch nur die Daten eines Wahljahrs vorliegen, lässt sich nicht überprüfen, ob neben dem **Trend** einer abnehmenden Parteibindung auch ein Trend zur Wahlenthaltung vorliegt. Zwischenfazit

Die Wahlbeteiligung beider Geschlechter und aller Altersgruppen liegt 2013 zwischen 59,9 % (männlich, 21 bis < 25 Jahre) und 79,9 % (männlich, 60 bis > 70 Jahre). Diese Werte zeigen, dass nicht alle Personengruppen gleichermaßen von ihrem Recht zur Wahl Gebrauch machen, sondern dass die Wahlbeteiligung mit zunehmendem Alter steigt. Deutlich wird auch, dass der Grad **institutionalisierter Partizipation** zwischen den **Geschlechtern** eher geringe (Ausreißer mit 8,6 Prozentpunkten ist die älteste Gruppe), zwischen den **Altersgruppen** aber deutliche Differenzen aufweist. Zusammenhang zwischen Alter und Wahlbeteiligung

Neben der Wahlbeteiligung lassen auch Daten zur **nicht institutionalisierten politischen Partizipation** Rückschlüsse auf den Zustand der Bürgerbeteiligung zu. Diese Daten liegen in **M 4** in Form eines Säulendiagramms vor, welches dem Datenreport 2013 entstammt. Die in Prozent angegebenen Zahlen bilden die Beteiligung jüngerer Menschen (zwischen 18 und 29 Jahren) an **Unterschriftensammlungen**, **Demonstrationen** und **Bürgerinitiativen** in den Jahren 1998, 2002 und 2008 ab. Die durchschnittliche Beteiligung ist ebenfalls ersichtlich. M 4

Diesbezüglich lässt sich erkennen, dass die Beteiligung an **Unterschriftensammlungen** sowohl vom Bevölkerungsdurchschnitt als auch bei den Jüngeren die **am häufigsten genutzte** nicht institutionalisierte Partizipationsform ist, gefolgt von Demonstrationen und Bürgerinitiativen. Mit 47 % war die Beteiligung an Unterschriftensammlungen im Jahr 2008 somit mehr als viermal so hoch wie die Beteiligung bei Bürgerinitiativen. häufige Beteiligung bei Unterschriftensammlungen

Hieraus lässt sich ableiten, dass Beteiligungsformen, die **wenig zeitintensiv** sind und **kein längerfristiges Engagement** erfordern, eher wahrgenommen werden als andere. Diese Aussage wird durch die deutlich sinkenden Mitgliederzahlen der Parteien gestützt (M 2). Sowohl der Durchschnitt aller Befragten als auch die Jüngeren bevorzugen „niederschwellige" Formen der politischen Beteiligung.

Zwischenfazit

Des Weiteren verdeutlicht M 4, dass **keine signifikanten Unterschiede** bezüglich der Partizipation von Jüngeren im Vergleich zum Durchschnitt der Befragten vorliegen. Allerdings liegt die **Beteiligung der Jüngeren an Demonstrationen** etwas über der des Durchschnitts, während sie sich prozentual **weniger in Bürgerinitiativen** engagieren als die Gesamtheit der Befragten.

Jüngere bei Demonstrationen überrepräsentiert

Vergleicht man nun die nicht institutionalisierte Beteiligung mit der Bereitschaft, sich bei der stark **institutionalisierten Form** der Wahl zu beteiligen (M 3), so lässt sich erkennen, dass die Jüngeren (M 4: 18–29 Jahre, M 3: unter 21 bis < 30) die Wahlen ähnlich stark nutzen wie Unterschriftensammlungen. Der Bevölkerungsdurchschnitt jedoch beteiligt sich deutlich mehr in der institutionalisierten Form.

mehr Beteiligung bei Wahlen

Mit Blick auf die **Wahlbeteiligung an Europawahlen in der EU und Deutschland** (M 5) muss die Aussage bezüglich der relativ hohen Wahlbeteiligung allerdings **eingeschränkt** werden. Dieses Liniendiagramm basiert auf Daten des EU-Parlaments und stellt die Entwicklung der Beteiligung an den Europawahlen von 1979 bis 2014 dar.

M 5

Es zeigt eindrücklich einen **drastischen Rückgang** der Wahlbeteiligung – sowohl in Deutschland als auch in der EU insgesamt. In Deutschland liegt die Beteiligung an Europawahlen seit 1999 unter 50 %, und mit 47,9 % im Jahr 2014 knapp ca. 22 Prozentpunkte unter der Wahlbeteiligung an der Bundestagswahl im Jahr zuvor.

abnehmende Beteiligung an Europawahlen

Der Partizipation an nationalen Wahlen (M 3) scheint von den Bürgern also deutlich größere Bedeutung beigemessen zu werden als den Europawahlen (M 5) oder auch nicht institutionalisierten Formen der Beteiligung (M 4).

Fazit

2. *Die Erläuterung setzt hier zunächst eine Beschreibung der wesentlichen Bildelemente voraus, bevor Sie die generelle Bedeutung von Wahlen beschreiben und anschaulich erklären. Auch wenn an dieser Stelle kein Bezug zu anderen Materialien gefordert wird, so ist er doch legitim und hilfreich.*
Auf dem Bild sind dargestellt (von links nach rechts): 1. Abdullah ibn Adb al-Aziz, Saudi-Arabien, 2. Abd al Fattah as-Sisi, Ägypten, 3. Mohammad Ag Najem, Mali, 4. Hassan Rohani, Iran, 5. Baschar al-Assad, Syrien, 6. Robert Mugabe, Simbabwe, 7. Li Keqiang, China, 8. Kim-Jong Un, Nordkorea)

Bei M 6 handelt es sich um eine Karikatur von Klaus Stuttmann, die am 18. 9. 2013 veröffentlicht wurde. Sie trägt den Untertitel „Wahlverweigerer". Anhand dieser Karikatur lässt sich nicht nur die Gefahr darstellen, die von Nichtwählern ausgeht, sondern auch die Bedeutung von Wahlen anschaulich erläutern.

Einleitung, Vorstellung des Materials

Neben dem **deutschen Michel**, der am rechten Bildrand mit verschränkten Armen und frustriertem Gesichtsausdruck zu sehen ist und sagt „Wählen bringt doch nichts!", erkennt man acht Männer, die ihm mit den Worten „Sagen wir ja!!" zustimmen. Hierbei handelt es sich um **einflussreiche Machthaber** bzw. Staats- und Regierungschefs verschiedener Länder, in denen es entweder gar kein Wahlrecht oder nur manipulierte Wahlen gibt.

Beschreibung

Die Aussage des deutschen Michel wird zwar von den Diktatoren bestätigt, enthält aber eine **andere Botschaft**. Er drückt hier aus, dass die Stimme des Durchschnittsbürgers bei Wahlen **keinen Wert** habe und sich die Politik ohnehin nicht um die Anliegen des „kleinen Mannes" kümmere. Frustriert wendet er sich daher von der Politik ab, verschränkt ernüchtert und enttäuscht die Arme und wird wohl zum Nichtwähler. Die Diktatoren hingegen bringen zum Ausdruck, dass freie Wahlen weder **erwünscht** noch **nötig** seien. Damit lehnen sie den demokratischen Grundgedanken ab, dass alle Staatsgewalt vom Volke ausgeht und durch Wahlen ausgeübt wird (vgl. Art. 20 (2) GG). Auch der deutsche Michel rüttelt an den Grundfesten der Demokratie, indem er seinen Einfluss bei Wahlen infrage stellt, und wirft indirekt die Frage auf, welche Bedeutung Wahlen in einer Demokratie überhaupt zukommt. Er **fügt** damit letztendlich sich selbst und der Demokratie großen **Schaden zu**, denn allgemeine, freie, gleiche und geheime Wahlen sind das Herzstück der Demokratie und erfüllen ganz **zentrale Funktionen**.

Kernaussage

Sie leisten beispielsweise einen Beitrag zur **Einbindung der Bürger** in das politische System und bilden das bisher einzige erfolgreiche Verfahren, in den sogenannten Massendemokratien vielfältige Interessen und politische Meinungen so zu **aggregieren**, dass politische Eliten (Regierungen) die Allgemeinheit bindende Entscheidungen fällen können.

Funktionen von Wahlen

Zudem sind Wahlen nicht nur die **allgemeinste Form der politischen Beteiligung** der Bürger in einer repräsentativen Demokratie, sondern auf sie hin orientieren sich auch viele andere Formen politischer Partizipation, wie z. B. die Mitgliedschaft in einer Partei. Zu wählen ist damit nicht die einzige Möglichkeit der Teilhabe (vgl. auch M 4), doch ist diese zweifellos von **besonderer Bedeutung**. Denn Wahlen bilden die Grundlage des liberalen Demokratieverständnisses, demzufolge die **politische Führung** eines Landes periodisch aus allgemeinen Wahlen hervorzugehen hat und so **legitimiert** wird. Damit erfüllen regelmäßig stattfindende Wahlen neben der Integrations- und Aggregationsfunktion auch eine **Kontroll- oder Korrekturfunktion**, da durch sie bestimmten Personen oder Parteien nur für eine beschränkte Zeit das Vertrauen bzw. das Recht zu regieren übertragen wird.

Im Konkurrenzkampf um politische Macht werden **gesellschaftliche Konflikte friedlich ausgetragen**. Die Wähler werden für Werte, Ziele und Programme sensibilisiert und zur Partizipation angeregt. Durch die Beteiligung an Wahlen haben Bürger die Möglichkeit, ihren Interessen und Zielen Gehör zu verschaffen. Außerdem bilden Wahlen für die Mehrheit der Bevölkerung die einzige Form der Teilnahme am politischen Prozess (vgl. M 2–M 5, M 7). Andere Partizipationsformen sind mit einem deutlich höheren Aufwand verbunden und haben die Tendenz, die politische Ungleichheit unter den Bürgern zu verstärken (vgl. M 7).

Fazit

Daher stellt die Ansicht des deutschen Michel, dass Wahlen nichts brächten, einen ganz zentralen Aspekt der Demokratie infrage und spielt, wenn er zum Nichtwähler wird und das Wählen verweigert, denen in die Hände, die dem Volk die Wahl verweigern und ohne demokratische Legitimation und Kontrolle regieren. Zu Recht gilt eine hohe Wahlbeteiligung als wichtiger Indikator für die **Legitimität** eines politischen Systems.

3. *Die Analyse einer Grafik muss auf einer Beschreibung der Grafik aufbauen, welche die formalen Kriterien der Quellen- und Darstellungsbeschreibung erfüllt. Die anschließende Untersuchung bzw. Auswertung muss systematisch erfolgen, das heißt Schwerpunkte, Signifikanzen etc. aufzeigen. Im letzten Schritt ist eine Interpretation der erarbeiteten Inhalte erforderlich.*

Beschreibung der Grafik, Quellenangabe

Die Grafik M 7 beschäftigt sich mit **soziokulturellen Unterschieden** in Bezug auf politisches Engagement. In einem Balkendiagramm wird die **Teilnahme an elf politischen Partizipationsformen** im Zusammenhang mit unterschiedlich hohen **Bildungsabschlüssen** dargestellt. Die Partizipationsformen umfassen neben der Mitarbeit in einer Partei auch weniger stark institutionalisierte Optionen, wie die Teilnahme an Demonstrationen, Unterschriftensammlungen oder Onlineprotesten. Der Repräsentationsindex spiegelt zusätzlich das Verhältnis zweier Bildungsgruppen zueinander wider. Die Daten basieren auf Erhebungen der Allbus aus dem Jahr 2008.

Auswertung der Grafik

Die Grafik zeigt einen **deutlichen Zusammenhang** zwischen politischem Engagement und Bildungsabschluss. In allen hier dargestellten Partizipationsformen ist die Beteiligung der Befragten mit (Fach-)Abitur höher als die der gering Gebildeten.

Die **stärkste soziale Verzerrung** im Hinblick auf Bildungsunterschiede weisen dabei Besetzungsaktionen mit einem sehr geringen Repräsentationsindex von ca. 11 % auf. Der **höchste Repräsentationsindex** mit ca. 50 % wird bei Unterschriftenaktionen erreicht. Dies bedeutet jedoch, dass etwa doppelt so viele der Befragten mit (Fach-)Abitur schon einmal an Unterschriftenaktionen teilgenommen haben wie diejenigen mit lediglich einem Hauptschul- oder gar keinem Schulabschluss. Selbst bei der Partizipationsform mit der geringsten Bildungsabhängigkeit ist die Ungleichverteilung also signifikant hoch. Eine andere Partizipationsform, die genau wie Unterschriftensammlungen als „niederschwellig" eingestuft werden kann, zeigt noch augenfälligere Ergebnisse: Gerade einmal ca. 2 % der Befragten mit Hauptschul- oder ohne Abschluss haben schon einmal an einem Onlineprotest teilgenommen. Für Abiturienten liegt dieser Wert mit ca. 16 % etwa achtmal höher.
Zusammenfassend ist aufgrund der vorliegenden Daten festzustellen, dass die Beteiligungsrate aller Befragten zwischen knapp 1 % (Besetzungsaktionen, gering gebildet) und ca. 65 % (Unterschriftensammlung, Gymnasiasten) liegt.
Aussagen darüber, inwiefern dies auch für die **am stärksten institutionalisierte Form der Partizipation**, die Wahl, gilt, lassen sich anhand von M 7 nicht treffen.

Interpretation der Grafik

Im Hinblick auf die dargestellten Partizipationsformen ist also nicht nur eine insgesamt geringe Beteiligung der Bevölkerung zu bemerken, sondern auch eine **Abhängigkeit des politischen Engagements vom Bildungsabschluss** zu konstatieren.
Unterstellt man darüber hinaus, dass ein niedriger Bildungsabschluss zu geringerem Einkommen und schlussendlich zu wirtschaftlicher und sozialer Ausgrenzung führt, lässt sich folgern, dass diese Ausgrenzung nicht gerade zu politischem Engagement, sondern vielmehr zu politischer Apathie führt. **Politisches Interesse** und daraus resultierende Partizipation sind also in hohem Maße von der **sozialen Stellung** abhängig.

4. *Das Gestalten einer Rede beinhaltet neben einem stringenten Themenbezug zwingend auch eine Adressatenorientierung und eine angemessene (Fach-)Sprache. Ihre Aufgabe ist es, in dieser Rede – mithilfe der Erkenntnisse aus den Materialien, ihres politischen Deutungswissens und subjektiver Erfahrungen – die Leitfrage der Veranstaltung zu beantworten, also Möglichkeiten darzulegen, wie die Demokratie zukunftssicher gemacht werden kann.*

Einleitung, Hinführung zum Thema

„Demokratie ist die schlechteste aller Regierungsformen – abgesehen von all den anderen Formen, die von Zeit zu Zeit ausprobiert worden sind!" Dieses Zitat, das Winston Churchill zugeschrieben wird, meine sehr verehrten Damen und Herren, drückt aus, was wir selbst im Rahmen dieser Demokratie- und Zukunftswerkstatt erfahren haben: Auch eine Demokratie ist nicht immer perfekt! Menschen ziehen sich zurück und überlassen anderen die wichtigen Entscheidungen in unserem Lande.

Wir haben gesehen, dass die **Zahl der Parteimitgliedschaften** dramatisch gesunken ist, dass die **Wahlbeteiligung** historische Tiefstände erreicht und dass gerade junge Menschen sich eher in geringem Maße an politischen Entscheidungen beteiligen. Diese Erkenntnis ist traurig und erschreckend, und ich stelle Ihnen die Frage: Welche Zukunft hat die Demokratie in unserem Lande, wenn sie nicht mehr Sache aller, sondern nur noch **Sache der Alten und Gebildeten** ist?

Bezug zu den Materialien

Ich möchte mich an dieser Stelle ausdrücklich bei den Veranstaltern der Zukunftswerkstatt Demokratie dafür bedanken, dass ich die abschließende Rede halten und darin Antwort geben darf auf die Frage: „Wie macht man die alte Idee der Demokratie zukunftssicher?“ Und doch muss ich Sie gleich zu Beginn meiner Rede diesbezüglich enttäuschen: Ich kann Ihnen kein Patentrezept vorstellen, keine wirksame und zugleich einfache Antwort auf die Frage geben, die ja eigentlich lautet: „Wie begeistern wir die Menschen wieder für Demokratie?“

Bezug zur Aufgabenstellung

Aber ich werde Ihnen zwei Ansätze vorstellen, die meiner Meinung nach zentral zur Beantwortung unserer Zukunftsfrage sind. Diese sind **Beteiligung** und **Bildung** und beide stehen in sehr engem Zusammenhang.

„Beteiligung?“ werden Sie nun verwundert denken und sagen, dass unsere Verfassung den Bürgern doch eine Vielzahl von Möglichkeiten dazu bietet, diese aber nicht ausreichend genutzt werden. Es stimmt! Unsere repräsentative Demokratie bietet in der Tat eine ganze Reihe von Mitwirkungsmöglichkeiten und ich denke, wenn ich „Beteiligung“ sage, auch nicht in erster Linie an **Volksentscheide auf Bundesebene**, die ja immer wieder diskutiert werden. Nein, ich denke an **neue und andere Formen** der Partizipation. Formen, die einer zeitgemäßen und damit auch zukunftsfähigen Demokratie entsprechen. Durch das Internet und die Entwicklung der **Social Media im Web 2.0** sind in den letzten Jahren neue Diskussions-, Beteiligungs- und Protestkulturen entstanden. Die **E-Kommunikation** in sozialen Netzwerken, die unterschiedlichsten Blogs sowie Twitter und Facebook verbinden Menschen, ihre Ideen und Aktionen in der ganzen Welt. Diese digitalen Kommunikationsstrukturen bieten neue Möglichkeiten der Herstellung von Transparenz, politischer Teilhabe und Einflussnahme. Wieso nutzen wir sie so wenig? Eine **Stärke der Demokratie** besteht in ihrer Fähigkeit,

Möglichkeit 1 zur Gestaltung der Demokratie

gesellschaftliche Entwicklungen aufzunehmen und sie für die Weiterentwicklung einer demokratischen politischen Kultur nutzbar zu machen. Und was machen wir daraus? Wir stellen mit Erschrecken fest, dass die junge Generation mehr Zeit vor den Rechnern verbringt als an sonntäglichen Demonstrationen teilzunehmen. Doch fördert dieses Erschrecken unsere Demokratie? Ändert unser Lamentieren über die „unpolitische Jugend“ etwas an geringer Wahlbeteiligung und der schrumpfenden Anzahl an Parteimitgliedern? Nein, meine Damen und Herren, das tut es nicht. Deswegen spreche ich mich an dieser Stelle ganz deutlich dafür aus, sich auf die vorhin genannte Stärke unserer Demokratie zu besinnen und das Engagement, das so viele im Netz zeigen, auch für demokratische Partizipation nutzbar zu machen.

Erwiderung möglicher Kritik

Kritiker unter Ihnen werden nun sagen, dass eine solche Ausweitung der Partizipationsmöglichkeiten ungerecht sei, ganze Bevölkerungsteile ausschließe und es darüber hinaus auch viele Probleme im Hinblick auf Datensicherheit gebe. Und sie haben Recht! Diese neuen Entwicklungen stellen uns vor Herausforderungen. Aber muss uns die Zukunft der Demokratie es nicht wert sein, dass wir uns mit diesen Herausforderungen auseinandersetzen? Müssen wir uns angesichts der Tatsache, dass auch jetzt der Zugang zu und das **Maß an Partizipation nicht gerecht** sind, nicht fragen, ob es Möglichkeiten gibt, dies zu ändern? Ich verstehe den Einwand, dass einfache „Ja-Nein-Klicks“ im Internet komplexen Fragen einer **pluralistischen Gesellschaft** nicht gerecht werden. Ich kann auch die Befürchtung nachvollziehen, Politik würde zwischen Internet-Shopping und dem Checken der Mails erledigt, die **Verantwortung** für die so getroffenen Entscheidungen sei aber niemandem mehr zuzurechnen, was letzten Endes zu Chaos und Unregierbarkeit führen würde. Und damit bin ich bei meinem zweiten Ansatz zur Gestaltung der Zukunftsfähigkeit unserer Demokratie: bei **politischer Bildung**.

Möglichkeit 2 zur Gestaltung der Demokratie

Alle haben in einer Demokratie das Recht zur Partizipation. Aber wie lernen sie, sich politisch zu artikulieren und politisch aktiv zu werden? Warum gelingt es uns nicht, alle zu beteiligen, und wieso befürchten wir, durch ein Mehr an Beteiligungsmöglichkeiten könnten die „falschen“ Entscheidungen getroffen werden? Liegt es vielleicht daran, dass wir spüren, dass Demokratie inzwischen nur noch die Alten interessiert und dass jahrzehntelang Politik von Alten für Alte gemacht wurde? Politische Partizipationsprozesse brauchen **Offenheit und Transparenz**, denn nur wer Argumente kennt und Zusammenhänge versteht, kann begründete Entscheidungen treffen. Die Möglichkeiten, sich schnell Informationen zu beschaffen, sind in den letzten Jahren dramatisch gewachsen. Leider ist es aber nicht gelungen, alle **Menschen** dazu zu **befähigen**, mit diesen Informationen sinnvoll umzugehen. Und hier sehe ich verschiedene Bildungseinrichtungen, allen voran die **Schulen**, in der Pflicht. Demokratie ist nichts Naturwüchsiges und Demokraten fallen nicht vom Himmel. Deswegen bedarf es großer Anstrengungen, schon den Kleinsten unserer Gesellschaft die Grundzüge unseres demokratischen Systems und dessen unschätzbaren Wert zu vermitteln. Die **Schüler** müssen ermutigt werden, die gegenwärtige Situation nicht als unabänderlich hinzunehmen, sondern als von Menschen gemacht zu verstehen. Sie müssen ihr eigenes Engagement in der Demokratie als Mitgestaltung der Gesellschaft begreifen. Die **Lehrer** müssen mit den Schülern Wahlprogramme verschiedener Parteien diskutieren und ihnen verdeutlichen, dass die Kenntnis und Analyse dieser Programme die Voraussetzung für eine bewusste Wahlentscheidung ist. Die Chancen der **politischen Bildung in der Schule** sind unermesslich, denn sie erreicht Menschen in einer Phase ihrer Entwicklung, in der sich das Wertebewusstsein ausbildet und vertieft. Und nur wenn Schüler die Bedeutung demokratischer Grundprinzipien in der Schule erfahren, werden sie außerhalb der Schule überzeugt dafür eintreten.

Und wenn sie das denn tun, liebes Publikum, sollten sie auf Menschen treffen, die sie ernst nehmen, die ihnen zuhören und die sie bestärken. Sie sollten auf **Politiker** treffen, die nicht als abgehoben empfunden werden. Dazu müssen diese die Sprache der Bürger sprechen und sich nicht hinter leeren Phrasen verstecken und sie müssen begreifen, dass mit der Politik von gestern keine Probleme von heute zu lösen sind. Dann wird Demokratie wieder zu dem, was sie der griechischen Wortbedeutung nach sein soll – die Herrschaft des Volkes! Auch wenn es nicht immer leicht sein wird, dies umzusetzen, so bin ich mir doch einer Sache sicher: Die **Legitimation**, **Effektivität** und **Stabilität** unserer Demokratie zu erhalten und sie damit zukunftsfähig zu machen, sollte uns diese Anstrengung wert sein.

Appell

Abiturprüfung Gemeinschaftskunde – Baden-Württemberg
Übungsaufgabe 6: Politische Institutionen und Prozesse

Leitthema: Wo steht Europa – wohin geht Europa?

Kontextualisierung: Gehen Sie von folgender Annahme aus: Eine parteiunabhängige Stiftung hat Sie als Experten gebeten, an einer Tagung teilzunehmen, bei der interessierte Bürgerinnen und Bürger die Ergebnissen der Europawahl diskutieren und sich mit der Frage auseinandersetzen, wie es um den Zustand der Europäischen Union und um die Demokratie in der Bundesrepublik bestellt ist.
Ihre Aufgabe wird es sein, unter der Leitfrage „Wo steht Europa – wohin geht Europa?“ Mitwirkungsmöglichkeiten der Bürger auf EU-Ebene darzustellen, die Wahlergebnisse der Europawahl 2014 zu analysieren und schließlich als Teilnehmer eines Streitgesprächs die Frage zu beantworten, wie künftig in der Bundesrepublik mit Extremen umgegangen werden soll.

Aufgaben:

1.	Stellen Sie wesentliche Partizipationsmöglichkeiten der Bürger auf der Ebene der Europäischen Union dar.	15 VP
2.	Analysieren Sie die Ergebnisse der Wahl zum Europäischen Parlament anhand der Materialien M 2–M 5.	10 VP
3.	Vergleichen Sie, wie die Autoren von M 6 und M 7 die Ergebnisse der Europawahl 2014 bewerten.	15 VP
4.	Die in den Ländern der EU entflammte Debatte um einen „Rechtsruck“ könnte eine erneute Diskussion bezüglich eines NPD-Verbots in der Bundesrepublik entfachen. Gestalten Sie ein Streitgespräch zwischen einem Anhänger und einem Gegner eines solchen Verbots.	20 VP
		60 VP

M 1 Grundgesetz

M 2 Ergebnisse der Europawahlen in Deutschland

	1979		1984		1989		1994		1999		2004		2009		2014**	
	%	Sitze	%	Sitze	%	Sitze	%	Sitze	%	Sitze	%	Sitze	%	Sitze	%	Sitze
Wahlbeteiligung	65,7	81	56,8	81	62,3	81	60,0	99	45,2	99	43,0	99	43,3	99	48,1	96
CDU	39,1	34	37,5	34	29,5	25	32,0	39	39,3	43	36,5	40	30,7	34	30,0	29
CSU	10,1	8	8,5	7	8,2	7	6,8	8	9,4	10	8,0	9	7,2	8	5,3	5
(CDU + CSU)	49,2	42	45,9	41	37,8	32	38,8	47	48,7	53	44,5	49	37,9	42	35,4	34
SPD	40,8	35	37,4	33	37,3	31	32,2	40	30,7	33	21,5	23	20,8	23	27,3	27
Grüne	3,2	–	8,2	7	8,4	8	10,1	12	6,4	7	11,9	13	12,1	14	10,7	11
FDP	6,0	4	4,8	–	5,6	4	4,1	–	3,0	–	6,1	7	11,0	12	3,4	3
Die Linke*	–	–	–	–	–	–	4,7	–	5,8	6	6,1	7	7,5	8	7,4	7
REP	–	–	–	–	7,1	6	3,9	–	1,7	–	1,9	–	1,3	–	0,4	–
AfD	–	–	–	–	–	–	–	–	–	–	–	–	–	–	7,0	7
Sonstige	0,8	–	3,7	–	3,8	–	6,3	–	3,7	–	7,9	–	9,5	–	8,5	7

Daten: Bundeswahlleiter, eigene Berechnungen
* bis 2004 PDS
** 2014: Vorläufiges Ergebnis

Nach: http://www.wahlrecht.de/ergebnisse/europa.htm

M 3 Wahlbeteiligung in Europa. Stimmenanteile 2014 in Prozent

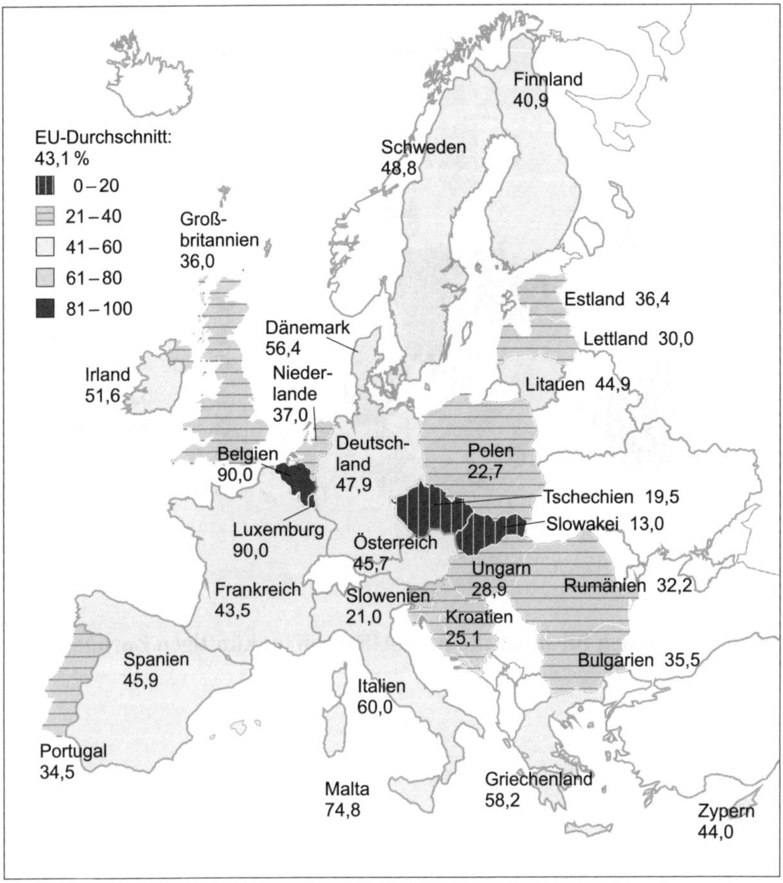

Daten: Europäisches Parlament

M 4 Mehrheiten in den EU-Staaten nach der Europawahl 2014

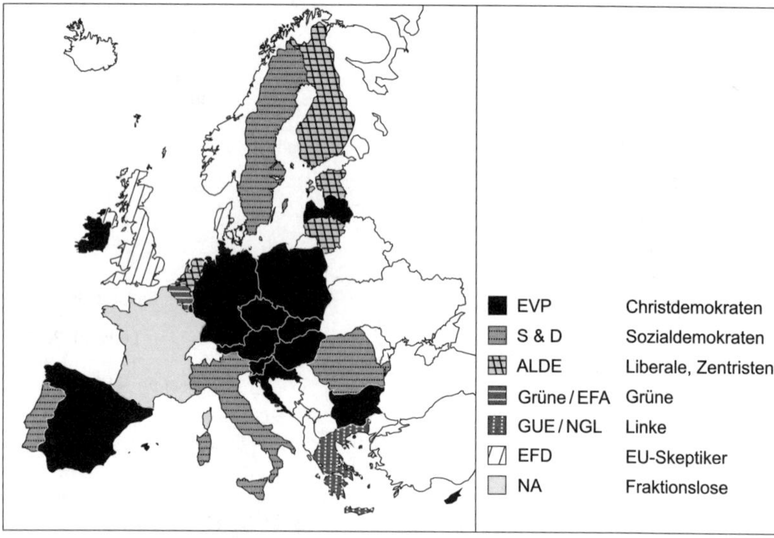

Daten: PollWatch2014

M 5 Kandidaten für mögliche neue Allianzen im künftigen Europaparlament

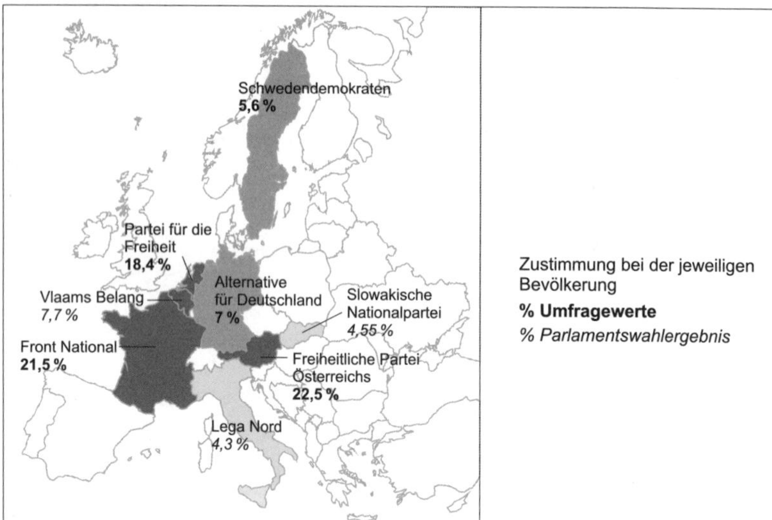

Daten: Europäisches Parlament, AFP. Umfragedaten: qz.com/Data: Electionista

M 6 Alexander Görlach, Ein schlechter Tag für Europa

Vor Gefahren durch rechte Europafeinde im neuen Europäischen Parlament ist vor den Wahlen eindeutig gewarnt worden. „Nein, nein“, werden viele von diesen nun sagen, wenn sie diesen Vorwurf lesen. Nicht gegen Europa, sondern „nur“ gegen die EU. Gegen den Kontinent habe man nichts, nur gegen die Bürokraten in Brüssel.

Gegen eine ruhig dahintriftende Landmasse kann man auch in der Tat nichts haben. Aber ist das wirklich so, dass man gegen ein vereintes politisches Europa und gleichzeitig ein Verfechter eines anders gearteten, eines alternativ gestalteten Europas sein kann? Wenn man für Landmasse schwärmt, dann geht das. Wenn man unter Europa zumindest die Menschen verstehen will, die auf dieser Landmasse leben, dann wird es unmöglich. Denn Leben in Europa soll Frieden, Rechtsstaatlichkeit und Sozialstaatlichkeit bedeuten. Je mehr davon da ist, desto besser ist das. Je mehr man Kräfte und Anstrengungen bündelt, umso mehr profitieren die Bewohner der sogenannten Alten Welt davon. Die Vereinheitlichung des Rechts, die Vereinheitlichung von Normen und Vorschriften in allen gesellschaftlichen Bereichen vertiefen dieses Zusammenleben. Dafür braucht es das, was wir heute unter Begriffen wie „Brüssel“, „Straßburg“ oder „die EU“ subsumieren; Kooperation, Vereinheitlichung, Richtlinienkompetenz. [...]

Die EU-Gegner sagen noch ein Zweites: Sie haben nichts gegen Kooperation zwischen den einzelnen Ländern, aber die Souveränität des Nationalstaats müsse doch gewahrt bleiben. Geht das zusammen: Souveränität und Kooperation? Natürlich geht das bis zu einem gewissen Grad. Aber um den Preis von Abschottung im schlimmsten und Abgrenzung im weniger, aber immer noch schlimmen Fall. Die Betonung der Nationalstaatlichkeit geht in den Fällen, die wir in Europa beobachten können, eben immer mit Abgrenzung oder Abschottung einher. Die Engländer sind gegen Einwanderer aus Polen, die Deutschen gegen Einwanderer aus Bulgarien und Rumänien, die Franzosen gegen Sinti und Roma. Ein „die“ und „wir“ sollte es bei der Vollendung des europäischen Projekts nicht mehr geben. Das Wahlergebnis wird diese Entwicklung sicher nicht umkehren.

Die Wahrheit ist, dass die Abgabe der Souveränität am Ende Politiker auf der lokalen, sogenannten nationalen, Ebene, zwar nicht überflüssig macht, aber ihre Bedeutung schmälert. Das allein ist der Grund, warum in vielen europäischen Ländern zum einen „ausrangierte“ Politikerinnen und Politiker nach Straßburg und Brüssel geschickt werden und zum anderen ein häufig an Schizophrenie grenzendes Gebaren an den Tag gelegt wird, dass „Brüssel“ kritisiert und wieder kritisiert. Das soll die Freude auf Europa nehmen. Brauchen wir die Gurkenkrümmung? Brauchen wir eine Olivenölkännchenverordnung? Sie wissen sicher, dass es beides in der Form, wie es von Politikern im Wahlkampf häufig behauptet wurde, so nicht gibt. [...]

Die hässliche Saat ist aufgegangen. In vielen Ländern sind die Menschen von der Lust nach Abschottung und Abgrenzung getrieben. In England, in Frankreich, in Dänemark, in den Niederlanden – und auch bei uns in Deutschland. Nun sitzen die Abschotter und Ausgrenzer im Europaparlament. Sie werden nun von dort aus die Weiterentwicklung der europäischen Integration zu hintertreiben versuchen. Sie können unserer Friedensordnung und unserer Lebensweise einen größeren Schaden zufügen, als die letzte Finanzkrise und noch eine zweite dazu es je vermögen könnten. Heute ist kein guter Tag für Europa. Dass SPD und Union nichts Besseres zu tun haben, als ihren jeweiligen Mann als Kommissionspräsidenten zu installieren, ist angesichts der Umstände eine Groteske.

Aus: www.theeuropean.de, 26. 5. 2014

M 7 Alexander Kissler, Dennoch ein Triumph der Demokratie

[…] Der Siegeszug der Rechtspopulisten und die Wahlabstinenz in Osteuropa sollten nicht darüber hinwegtäuschen, dass die Europawahl urdemokratisch war: Das Volk hat gesprochen. Demokratie ist eben keine Veranstaltung der Bildungselite. Auch diese 13 ist keine Glückszahl: Nur 13 Prozent der Stimmberechtigten nahmen in der Slowakei an den Wahlen zum Europäischen Parlament teil. Im tschechischen Nachbarstaat waren es knapp, in Slowenien und Polen etwas mehr als 20 Prozent. Länder, die vor historisch sehr kurzer Zeit noch diktatorisch regiert wurden, verschmähten das vornehmste Recht der Demokraten, das Wahlrecht. Oder nahmen sie es gerade durch Enthaltung wahr? Denn auch das gehört untrennbar zur Demokratie: das Recht zu schweigen. Es sind ebenfalls Diktaturen mitsamt ihrer gelenkten Demokratie gewesen, in denen die Untertanen Häuserblock für Häuserblock in die Wahllokale gekarrt wurden.
Diese Wahlen waren ein Triumph der Demokratie – sofern unter Demokratie nicht verstanden wird, dass alle sich einig sind. Demokratie meint, dass das Volk die Wahl hat und dass es mittels Wahlen herrscht. Dass die Stimme eines jeden Bürgers gleich viel zählt und dass diese Stimme frei und geheim abgegeben werden darf. Dass sich da niemand einmischt in die Entscheidung, dass jeder und jede unmittelbar vor dem Recht steht. Das sei nicht viel, das sei nur ein formales Prinzip? Das ist sehr viel, das ist beinahe alles, was es zum freiheitlichen, unkriegerischen Miteinander braucht. […]
Natürlich ist der Erfolg der griechischen Linksextremen ebenso wenig beifallpflichtig wie der Durchmarsch des Front National in Frankreich, die einen vulgären Staatssozialismus auf streng nationaler Grundlage verficht. Und ob der Sieg von UKIP der traditionell eh EU-skeptischen Politik Großbritanniens gut tut, steht sehr in den Sternen. Doch weil eben die Freiheit der Wahl auch die Freiheit zum Egoismus, die Freiheit selbst zur Unvernunft bedeutet, liegen hier

keine Kollateralschäden der Demokratie vor, im Gegenteil. In der Demokratie kommt nur dann Volkes Stimme zum Ausdruck, wenn das Volk reden darf, wie ihm der Schnabel gewachsen ist.

Aus demokratietheoretischer Sicht gibt es keine Schmuddelkinder, keine Rattenfänger, keine Populisten. Es gibt nur den mal mehr und mal weniger gelungenen Versuch, Menschen für eine Sache zu begeistern. Und ganz offensichtlich gelingt es derzeit in Italien, die Menschen für die EU zu begeistern, während die Menschen in Ungarn ein Ventil für ihre Vorbehalte suchten. Wer aber aus diesen Ergebnissen den Schluss zieht, es gäbe verschieden Grade demokratischer Reife, der hat die Grundlektion nicht begriffen. Demokratie ist keine Pflanzstation zur Züchtung vorbildlicher Nachkommen. Sie ist auch keine Veranstaltung der Bildungselite und solcher, die sich ihr zugehörig fühlen. Demokratie ist der politische Abdruck des Lebens, schroff und ungeschlacht wie dieses.

Insofern befreit das Wahlergebnis von einigen liebgewonnenen Illusionen. Es zeigt teils drastisch, teils erfrischend, teils bedenklich und teils klug, dass das europäische Volk sich den Mund nicht verbieten lässt. Dass es die europäische Sache ernst nimmt, indem es der Politik der Europäischen Union mal die gelbe, mal die rote Karte zeigt, oder aber gelassen applaudiert. Niemand hat je gesagt, dass die Demokratie eine Schönwetterveranstaltung sei bei prallem Bankkonto und guter Verdauung.

Im Parlament wird sich nun zeigen, in welche Melodie die Parlamentarier das Votum übersetzen werden. Sollte es dabei hie und da schrill zugehen, hilft der Blick hin zur Musik. Auch diese ist am Beginn des 21. Jahrhunderts längst vom Ideal des schönen Klangs abgekommen. Eifrig musiziert wird dennoch.

Aus: www.cicero.de, vom 27. 5. 2014

Lösungsvorschlag

Die Lösungsvorschläge stellen nur eine mögliche Antwort dar. Andere Lösungsmöglichkeiten sind zugelassen, wenn sie der Aufgabenstellung entsprechen und sachlich richtig sind.

1. *Der Operator „darstellen" verlangt hier von Ihnen, dass Sie die wesentlichen Mitwirkungsmöglichkeiten der Bürger auf EU-Ebene zusammenhängend beschreiben und verdeutlichen. Eine bloße Nennung verschiedener Partizipationsmöglichkeiten wird dem Operator nicht gerecht.*

Einstieg

Die Bürger haben eine Vielzahl an Möglichkeiten, auf EU-Ebene politisch mitzuwirken.

Wahl der Abgeordneten des EP

Eine wesentliche Möglichkeit der Partizipation stellt die **Wahl der Abgeordneten des Europäischen Parlaments** dar, welche nach den nationalen Modalitäten durchgeführt wird. Hierbei haben die EU-Bürger seit 1979 die Möglichkeit, die Kandidaten zu wählen, die ihre Interessen in Brüssel und Straßburg vertreten sollen. Sie können so den politischen Kurs der EU für 5 Jahre mitbestimmen und über die Volksvertreter im einzigen **direktdemokratisch legitimierten Organ der EU** an der europäischen Gesetzgebung mitwirken.

Darüber hinaus entscheidet das EU-Parlament und damit auch die Europawahl über die **Besetzung des Amtes des Kommissionspräsidenten**. Zumindest indirekt haben so die Bürger durch ihre Stimmabgabe bei den Europawahlen Einfluss auf die Besetzung dieses Amtes. Welche Bedeutung dem beigemessen wird, zeigt sich auch darin, dass 2014 alle großen europäischen Parteien einen Spitzenkandidaten für das Amt des Kommissionspräsidenten aufgestellt hatten.

Europäische Bürgerinitiative

Eine weitere Möglichkeit stellt die „**Europäische Bürgerinitiative**" dar. Dieses erst seit Inkrafttreten des Lissabonner Vertrags bestehende Instrument ermöglicht es den EU-Bürgern, selbst initiativ zu werden und die Kommission auf Probleme aufmerksam zu machen, die eine gesamteuropäische Lösung erfordern. Gelingt es, innerhalb von 12 Monaten mindestens eine Million Stimmen aus sieben EU-Staaten zu sammeln, so kann die Kommission, welche in der Rechtsetzung das Initiativrecht besitzt, zur Vorlage eines Gesetzes aufgefordert werden. Durch dieses Instrument der partizipativen Demokratie sollen sich die Bürger intensiver am politischen Leben der Union beteiligen können.

Petitionsrecht

Dieses Instrument der **direkten Bürgerbeteiligung** unterstützt das bestehende **Petitionsrecht**. Danach kann jede Person mit Wohnort in einem EU-Mitgliedstaat – sowohl allein als auch zusammen mit anderen Personen – in Angelegenheiten, die in die Tätigkeitsbereiche der Union fallen und die die Unterzeichner unmittelbar betreffen, eine Petition an das EU-Parlament richten. Petitionen sind dabei individuelle Ersuche, Beschwerden oder Bemerkungen zur Anwendung von EU-Recht oder eine Aufforderung an das EU-Parlament, zu einer bestimmten Angelegenheit Stellung zu nehmen.

Einfluss auf nationaler Ebene

Die EU-Bürger können darüber hinaus auf indirektem Weg über die **nationalen Parlaments-, Landesparlaments- oder Präsidentschaftswahlen** Einfluss auf die europäische Gesetzgebung nehmen: Der Ausgang der Wahlen innerhalb der Mitgliedstaaten entscheidet über die Zusammensetzung des Europäischen Rats, des Ministerrats und bedingt auch der Kommission. In Deutschland legt etwa der **Bundeskanzler**, der vom Deutschen Bundestag gewählt wird, die Leitlinien der europäischen Politik fest. Somit entscheidet der Ausgang der Bundestagswahlen über die **Entsendung der jeweiligen Bundesminister in den Ministerrat**. Dieser hat wiederum wichtige Befugnisse im Rahmen der Gesetzgebung.

weitere Partizipationsmöglichkeiten

Schließlich kann Partizipation auf europäischer Ebene auch in Form von **Partei- oder Verbandsmitgliedschaften** erfolgen, durch die Unionsbürger ihre Interessen in den politischen Prozess einbringen können. Auch das Verfassen von **Leserbriefen** für Massenmedien stellt eine Möglichkeit dar, der eigenen Meinung Gehör zu verschaffen, EU-weite politische Diskussionen anzuregen und die Öffentlichkeit so für bestimmte Themen zu sensibilisieren.

2. *Der Operator „analysieren" erfordert eine systematische und gezielte Untersuchung und Auswertung gegebener Materialien, die in Beziehung zueinander gesetzt werden sollen. Allein die Vielzahl der Materialen bei dieser Aufgabe macht deutlich, dass hier thematische Akzentuierungen von Ihnen selbst vorgenommen werden müssen.*

Einleitung, Bezug zur Aufgabenstellung

Bei den Materialien M 2 – M 5 handelt es sich um eine Statistik und drei Grafiken, die alle geeignet sind, die Ergebnisse der Wahl zum EU-Parlament 2014 zu analysieren, dabei jedoch unterschiedliche Aspekte beleuchten.

M 2: Vorstellung des Materials

Die Statistik in M 2 mit dem Titel „Ergebnisse der Europawahlen in Deutschland" basiert auf Daten des Bundeswahlleiters und zeigt neben der Wahlbeteiligung von 1979 bis 2014 auch die von den einzelnen Parteien errungenen prozentualen Wählerstimmen sowie die jeweils erreichten Parlamentssitze. Zwar handelt es sich bei den Angaben für das Jahr 2014 um vorläufige Ergebnisse, diese sind jedoch als verlässlich einzuschätzen.

M 2: Analyse

Im Hinblick auf das Ergebnis der Europawahl 2014 ist dabei festzustellen, dass sich die **Volksparteien CDU / CSU und SPD** mit

35,4 % und 27,3 % der Wählerstimmen als stärkste Parteien behaupten konnten. Im Vergleich zu der ersten Europawahl im Jahr 1979 stellen diese Ergebnisse jedoch einen deutlichen Einbruch dar. Sowohl bei der CDU/CSU als auch bei der SPD lässt sich ein – mit Ausnahmen – kontinuierlicher **Abwärtstrend** feststellen. Der prozentuale Stimmenanteil der **CSU** hat sich dabei in den vergangenen 35 Jahren fast halbiert; mit 5,3 % bei der letzten Europawahl erreichte die Partei ihr schlechtestes Ergebnis in der Geschichte der Europawahlen. Die **Sozialdemokraten** konnten mit 27,3 % der Wählerstimmen 6,5 Prozentpunkte im Vergleich zur letzten Wahl zulegen, die CDU/CSU verlor dagegen 2,5 Prozentpunkte. Zu den Verlierern der Europawahl gehört auch die **FDP**, die mit nur noch 3,4 % (2009: 11,0 %) und entsprechend drei Sitzen im EU-Parlament vertreten ist. Dagegen konnten die **Grünen** einen Stimmenanteil von 10,7 % erzielen und ihr Ergebnis im Vergleich zu 1979 damit mehr als verdreifachen. Auch ihnen gelang es zwar nicht, den bisherigen Spitzenwert von 12,1 % aus dem Jahr 2009 zu halten, doch konnten sie sich als drittstärkste Partei etablieren.

Die wahren **Gewinner der Wahl 2014** waren jedoch im Grunde **Die Linke**, die mit 7,4 % das Ergebnis der letzten Wahl halten konnte (2009: 7,5 %), sowie die **AfD** („Alternative für Deutschland"). Sie trat erstmals bei einer Europawahl an und konnte gleich 7,0 % der Wählerstimmen auf sich vereinen. Sie erhielt somit mehr als doppelt so viele Wählerstimmen wie die FDP. Damit zogen aus Deutschland sieben Vertreter einer dezidiert europakritschen Partei in das Parlament ein. Die **Republikaner** erzielten bei der Wahl 2014 nur 0,4 % und sind damit weiterhin nicht im EU-Parlament vertreten.

Die **Wahlbeteiligung** legte gegenüber ihrem Tiefpunkt 2004 (43,0 %) um immerhin 4,8 Prozentpunkte zu, nahm jedoch seit 1979 um insgesamt 17,6 Prozentpunkte ab.

Somit sind bei den Europawahlen weiterhin eine niedrige Wahlbeteiligung und eine Schwäche der Volksparteien zu beobachten. Profitiert haben davon v. a. der rechte (AfD) und der linke Rand (Die Linke) des Parteienspektrums. M 2: Zwischenfazit

Ein Blick auf die Grafik in M 3, welche auf Daten des EU-Parlaments beruht und sich mit der **Wahlbeteiligung in Europa** beschäftigt, zeigt jedoch, dass die Wahlbeteiligung in der **Bundesrepublik** mit rund 48 % (M 2: 48,1 %) über dem EU-Durchschnitt von 43,1 % lag. M 3

Deutliche Abweichungen bezüglich der Wahlbeteiligung lassen sich sowohl nach unten als auch nach oben feststellen: **Belgien** und **Luxemburg** erreichten, wohl auch durch die dort geltende **Wahlpflicht**, Spitzenwerte von jeweils 90 %. Als Gegenbeispiel

dient **Griechenland**. Dort gaben – ungeachtet der gesetzlichen Wahlpflicht – nur knapp 60 % der Wahlberechtigten ihre Stimme ab. Dies zeigt, dass der Europawahl von den Bürgern entweder wenig Bedeutung beigemessen wurde oder dass sie aufgrund der derzeitigen wirtschaftlichen und politischen Situation Griechenlands ganz bewusst auf ihre Stimmabgabe verzichtet haben.
In **Osteuropa** fiel die Wahlbeteiligung insgesamt deutlich niedriger aus als in den meisten west- und südeuropäischen Ländern. Nur in **Litauen** (44,9 %) und Zypern (44,0 %) erreichte die Wahlbeteiligung hier den EU-Durchschnittswert bzw. überstieg diesen sogar. In der **Slowakei** machte gerade einmal jeder Achte von seinem Wahlrecht Gebrauch.
Somit verläuft, was die Wahlbeteiligung angeht, ein Riss durch die EU und es ist festzustellen, dass die **demokratische Partizipation** in den früheren kommunistischen Ländern noch schwächer ausgeprägt ist als im Westen. Interesse an Europa scheint im Osten kaum jemand zu haben; womit allerdings die Frage nach dem „Warum" noch nicht geklärt ist.
M 4, eine Grafik auf der Grundlage von Daten von PollWatch, M 4
bildet die **Mehrheiten** in den EU-Staaten nach der Europawahl 2014 ab.
Dabei wird deutlich, dass die **Christdemokraten** in den meisten EU-Staaten die Mehrheit der Wählerstimmen erhielten. Die **Sozialdemokraten** konnten sich in Schweden, Portugal, Italien und Rumänien durchsetzen, während **liberale Gruppierungen** in Finnland, Estland, Litauen, aber auch in den Niederlanden die Mehrheit errangen. Die einzig **linke** „Insel" Europas ist Griechenland, während nur in Belgien die **Grünen** dominierten. Auffällig sind Großbritannien und Dänemark, wo **euroskeptische Parteien** die Mehrheit erzielen konnten, sowie Frankreich, wo mit dem Front National eine rechtsextreme Partei die Mehrheit erhielt, die sich zu den Fraktionslosen zählt.
Die Karte veranschaulicht somit das Erstarken populistischer oder offen rechtsextremer Parteien bei der Europawahl 2014.
Die Bedeutung dieser Entwicklung wird noch klarer, wenn man M 5
einen Blick auf M 5 wirft. Zwar beruhen die hier vom EU-Parlament in Prozent angegebenen Werte auf Umfrageergebnissen und Ergebnissen nationaler Wahlen – und nicht auf den Ergebnissen nach der Europawahl –, doch lassen diese ebenfalls Aussagen über die Konsequenzen der Wahlergebnisse zu.
Bereits im Vorfeld der Wahl waren demnach **Wahlerfolge der europaskeptischen oder gar -feindlichen Parteien** abzusehen. In Bezug auf den Front National in Frankreich (21,5 %) und die AfD in Deutschland (7 %) lassen sich diese auch anhand der anderen Materialien bestätigen.

Eine Gefahr für die EU bedeuten diese Wahlsiege, da sie neue Allianzen im EU-Parlament ermöglichen und da die europaskeptischen Parteien versuchen werden, die EU zu schwächen.

Fazit

Zusammenfassend lässt sich daher bezüglich der Wahlergebnisse Folgendes festhalten: Die Europawahl 2014 war durch eine mäßige Wahlbeteiligung in der gesamten EU und eine dramatisch niedrige Wahlbeteiligung in den meisten osteuropäischen Staaten gekennzeichnet. Zwar dominierten weiterhin Volksparteien das Bild, doch war in vielen und dabei auch den einflussreicheren EU-Ländern ein „**Rechtsruck**" zu verzeichnen. Dieses Ergebnis lässt sich teilweise durch die Finanz- und Wirtschaftskrise erklären, die die EU vor neue Aufgaben stellte. Es zeigt aber auch, dass viele EU-Bürger zu wenig Begeisterung für Europa verspüren, als dass sie dafür zur Wahl gingen, und sich zunehmend Gruppierungen zuwenden, die „weniger" statt „mehr Europa" fordern.

3. *Ein Vergleich setzt eine strukturierte Herausarbeitung der wesentlichen Kernaussagen von zugrunde liegenden Materialien voraus: hier M 6 und M 7. Gemeinsamkeiten und Unterschiede müssen anschließend gewichtend einander gegenübergestellt und ein Ergebnis muss formuliert werden. Die formalen Kriterien der Textarbeit sind dabei zu berücksichtigen.*

Einleitung, Bezug zur Aufgabenstellung

Sowohl Alexander Görlach als auch Alexander Kissler beschäftigen sich in ihren Artikeln, die beide nur wenige Tage nach der Europawahl erschienen, mit dem Ausgang der Wahl. Sie setzen jedoch bezüglich ihrer Einschätzung verschiedene Akzente und kommen so zu unterschiedlichen Bewertungen des Wahlausgangs. Dies wird bereits in den Titeln deutlich: Während Görlach in „The European" am 26. 5. 2014 von einem „schlechte[n] Tag für Europa" (M 6, Titel) spricht, sieht Kissler nur einen Tag später im Magazin „Cicero" in den Wahlergebnissen einen „Triumph der Demokratie" (M 7, Titel).

Kernaussagen M 6

Für Görlach kommt das gute Abschneiden rechtspopulistischer Parteien, die er als „**Abschotter** und **Ausgrenzer**" (M 6, Z. 45) bezeichnet, einer Katastrophe gleich, da sie nicht nur die **europäische Lebensweise**, sondern auch den **Frieden gefährdeten** (vgl. Z. 1 f., Z. 11 f., Z. 45 ff.). Eine Differenzierung zwischen „Europa" einerseits und „EU" andererseits sei unmöglich, da Land bzw. Kontinent und die dort lebenden Menschen untrennbar miteinander verbunden seien (vgl. Z. 6 ff.). Eine Unterscheidung sei daher Augenwischerei und typisch für EU-Gegner, die gegen eine Vereinheitlichung des Rechts und die Abtretung nationaler Souveränitäten seien (vgl. Z. 3 ff., Z. 20 ff.). Laut Görlach bedeutet die Vereinheitlichung hingegen eine Bündelung von Kräften (vgl. Z. 13) und damit einen Vorteil für alle: **mehr „Frieden, Rechtsstaatlichkeit und Sozialstaatlichkeit“** (Z. 12). Dem stünden EU-Gegner mit ihrer Betonung von „wir“ und „ihr“ im Weg. Görlach befürchtet, dass sich diese Tendenz künftig durch den Einzug euroskeptischer Parteien verstärken wird (vgl. Z. 30 f.) und schreibt die Schuld daran den Politikern zu. Sie befürchteten nämlich, durch die Übertragung von **Souveränitätsrechten** an die EU auf nationaler Ebene selbst an Bedeutung zu verlieren, weswegen sie aus egoistischen und machttaktischen Gründen alles daran setzten, mehr Kooperation und europäische Integration zu verhindern (vgl. Z. 32 ff.). Belege dafür seien populistische Diskussionen um EU-Verordnungen sowie die EU-Personalpolitik. Diese führten schließlich dazu, dass den Menschen „die Freude auf Europa“ (Z. 38) genommen würde und sie größere „Lust nach Abschottung und Ausgrenzung“ (Z. 43) verspürten. Dies könne die **Errungenschaften der EU stärker gefährden** als jede Finanzkrise (vgl. Z. 47 ff.).

Kernaussagen M 7

Ebenso wie Görlach betrachtet auch Kissler in seinem Artikel (M 7) den **Vormarsch euroskeptischer und extremistischer Parteien** in einzelnen EU-Staaten durchaus kritisch und bezeichnet sie als „**wenig beifallpflichtig**“ (Z. 22 f.), doch sieht er in den Ergebnissen der Wahl einen „**Triumph für die Demokratie**“ (vgl. Titel). Dem stehe auch die **geringe Wahlbeteiligung** in einigen EU-Staaten keinesfalls entgegen, da „das Recht zu schweigen“ (Z. 11) ebenso zur Demokratie gehöre wie das Wahlrecht. Während in M 6 – ohne Aussagen zur Wahlbeteiligung zu treffen – die Gefahren der Abschottung unterstrichen werden, entdeckt Kissler selbst in Egoismus und Unvernunft noch etwas Positives (vgl. Z. 26 ff.). Darin komme der **Wille des Volkes** zum Ausdruck, was das Wesentliche der Demokratie sei (vgl. Z. 1 ff., Z. 26 ff.). Daher wehrt Kissler sich auch gegen Begriffe wie „Populisten“ oder „Rattenfänger“ (Z. 31 f.), denn auch Kritik und Ablehnung gegenüber der EU sei durchaus legitim; aus demokratietheoretischer Sicht gebe es keine falschen Meinungen (vgl. Z. 31 ff.). Diese Kritik, die nach Auffassung Görlachs eine „hässliche Saat“ (M 6, Z. 42) ist, ist für Kissler vielmehr ein Zeichen dafür, dass das Volk „**die europäische Sache ernst nimmt**“ (M 7, Z. 44 f.) und der EU-Politik „die rote Karte zeigt“ (Z. 46). Dies sei urdemokratisch, denn Demokratie hieße eben, dass sich nicht alle jederzeit einig sein müssten (vgl. Z. 14 f.) und nicht immer eitel Sonnenschein herrsche (vgl. Z. 37 f.). Das Wahlergebnis sei also **kein Zeichen mangelnder „demokratischer Reife“** (Z. 36 f.), sondern drücke aus, dass es nicht in allen EU-Staaten gleichermaßen gelungen ist, die Menschen für die EU zu begeistern (vgl. Z. 32 ff.). Mit dieser Einschätzung stimmt Kissler mit dem Autor von M 6 überein, er wertet sie aber gänzlich anders: Während Görlach den Ausgang der Wahl als fatal und gefährlich betrachtet, „befreit das Wahlergebnis“ laut Kissler lediglich „von einigen liebgewonnenen Illusionen“ (Z. 42) und von der Vorstellung, die Demokratie könne „vorbildliche[] Nachkommen“ (Z. 38) züchten.

Fazit

Resümierend lässt sich daher sagen, dass beide Autoren die hohen Ergebnisse euroskeptischer Parteien beleuchten und daraus mangelnde Begeisterung für die EU ableiten. Diesbezüglich kommen sie aber zu **unterschiedlichen Bewertungen**. Zwar begrüßt auch Kissler dieses Erstarken der Euroskeptiker nicht, doch bedeutet es für ihn keinesfalls eine Katastrophe für den Frieden in Europa, so wie für Görlach.

Dies liegt darin begründet, dass Görlach **finalistisch** denkt und argumentiert. Für ihn besteht das Ziel der EU klar in mehr Kooperation und mehr Einheit, weshalb das Wahlergebnis für ihn einen herben Rückschritt auf dem Weg zu diesem Ziel darstellt. Die Verantwortung dafür schreibt er den Politikern etablierter Parteien zu. Kissler hingegen argumentiert **formalistisch**. Er begrüßt jedes Wahlergebnis, solange die formalen Prinzipien einer demokratischen Wahl erfüllt wurden, die Bürger also ihre Stimme in freier, gleicher und geheimer Wahl abgeben durften. Für ihn ist das Ergebnis daher ein Triumph der Demokratie und bedeutet damit auch keine schlechten Zeiten für Europa. Er wartet ab, welche Politik die neuen Parlamentarier in Zukunft verfolgen werden.

4. *Bei der Gestaltung müssen Sie eine Rollenorientierung beachten. Somit geht die Aufgabe über das reine „Erörtern“ eines Problems oder einer Fragestellung hinaus. Die Form des Streitgesprächs verlangt von Ihnen, sich in mindestens zwei Personen hineinzuversetzen, die gegenüber einem NPD-Verbot gegensätzliche Positionen vertreten. Die Wahl der Personen steht Ihnen frei – dabei kann es sich um reale Personen oder auch um fiktive handeln. Bei der Bewertung Ihrer Leistung spielt nicht nur die Qualität der jeweils vorgebrachten Argumente eine Rolle, sondern auch inwieweit Sie in der Lage sind, rhetorische Mittel gezielt einzusetzen.*

Einleitung, Nennung des Themas und der Hauptthesen

Forderungen nach einem erneuten Anlauf für ein **NPD-Verbot** waren nach dem Auffliegen der rechtsextremistischen Terrorzelle NSU aufgekommen. Auch das gute Abschneiden rechtsgerichteter Parteien bei der Europawahl lässt in Deutschland Rufe nach einem Verbot der NPD wieder lauter werden. Die Meinungen darüber, ob ein Verbotsantrag **Erfolgsaussichten** hätte und ob mit einem Verbot die gewünschten **Ziele** überhaupt erreicht werden könnten, gehen jedoch weit auseinander. Winfried Kretschmann, Ministerpräsident des Landes Baden-Württemberg, spricht sich für einen Verbotsantrag aus, ich selbst sehe einen solchen jedoch kritisch.

X: Sehr geehrter Herr Kretschmann, ich freue mich sehr, dass ich Sie heute hier treffen darf, um mit Ihnen ein solch spannendes Thema wie die Zukunft der EU zu diskutieren – umso spannender, da wir gegensätzliche Ansichten in Hinblick auf den Umgang mit rechten Parteien sowie bezüglich eines NPD-Verbots zu vertreten scheinen.

Einführung ins Gespräch

MP: Ich freue mich auch, denn es ist für mich immer wieder spannend, mit den unterschiedlichsten Menschen aktuelle politische Geschehnisse zu diskutieren und zu hören, was sie bewegt – v. a. dann, wenn sie eine ganz andere Ansicht vertreten als ich, denn Demokratie lebt vom Zuhören und vom Gehörtwerden. Letzteres hat allerdings Grenzen; dann nämlich, wenn eine Partei wie die NPD **menschenverachtende und rassistische** Parolen verbreitet und damit den Frieden in unserem Land und unsere Demokratie gefährdet.

Pro Gefährdung von Frieden und Demokratie

X: Ich gebe Ihnen Recht. Das, was die NPD vertritt, ist in der Tat schwer zu ertragen, aber ich warne eindringlich davor, gefühlte und **triftige Verbotsgründe** miteinander zu verwechseln. Die NPD fällt weder durch Gewalttaten noch durch den militanten Kampf auf der Straße auf – kriminelle Taten Einzelner müssten der Partei konkret zugerechnet werden können. Das aber ist bis heute nicht möglich und die verbalen Parolen allein stellen **keine greifbare Gefahr für die Verfassung** dar!

Kontra keine direkte Gefährdung des GG

Ich sehe daher die Gefahr, dass das Verfassungsgericht die Formel der „aktiv kämpferischen, aggressiven Haltung" sehr ernst nimmt und ein **Verbotsantrag erneut scheitert** – eventuell auch vor dem Europäischen Gerichtshof.

mögliches Scheitern des Antrags

Stellen Sie sich bitte nur für einen Augenblick vor, welche **mediale Aufmerksamkeit** der NPD während eines laufenden Verfahrens zuteilwürde und welch verheerenden Auswirkungen das haben könnte! Es steht doch zu befürchten, dass sich plötzlich auch Menschen für die Ideen der NPD begeistern, die diese Partei bisher für nicht wählbar hielten. Sie stimmen mir doch sicher zu, wenn ich behaupte, dass dies einem **Freifahrtschein** für die NPD gleichkäme.

öffentliche Aufmerksamkeit

MP: Die Geschehnisse der Jahre 2001 bis 2003, während des letzten Verbotsverfahrens, lassen diese Befürchtung tatsächlich berechtigt erscheinen und ich stimme Ihnen zu, wenn Sie sagen, man solle ein Verbotsverfahren nicht unüberlegt anstrengen.

Aber der Verbotsantrag, den der Bundesrat nahezu einstimmig beschlossen hat, war keineswegs unüberlegt. Er basierte vielmehr auf vielen Recherchen und schließlich der festen Überzeugung, dass – wenn wir unsere **Verfassung ernst nehmen** – eine Partei, die jenseits dieser Verfassung steht, aktiv bekämpft und verboten werden muss. Das **Grundgesetz bietet uns dazu die Instrumente**, wir müssen sie nur nutzen! Ein Verbot der NPD wäre daher nicht nur ein **Signal** im In- und Ausland, sondern es ist auch von zentraler Bedeutung, um den organisierten **Rechtsextremismus strukturell zu treffen**.

Pro wohlüberlegter Antrag

wehrhafte Demokratie

Signalwirkung

Schwächung rechtsextremer Strukturen

X: Mit Verlaub, Herr Ministerpräsident. Gerade wenn es darum geht, Strukturen zu schwächen oder gar zu zerstören erscheint mir ein Verbot der Partei kontrapoduktiv. Eine Kontrolle bzw. **Überwachung durch den Verfassungsschutz** wird dadurch doch nur erschwert. Denn die NPD-Anhänger würden sich einfach anderen rechtsextremen Gruppierungen anschließen, deren Strukturen damit stärken oder – und das halte ich für mindestens ebenso dramatisch – im Untergrund weiter agieren und eventuell noch radikaler werden.

Kontra erschwerte Kontrolle

Radikalisierung

Und selbst wenn man die Zerstörung der Parteistruktur positiv bewertet, darf man doch eines nicht vergessen: Die Ansichten und Meinungen der Parteimitglieder trifft man damit nicht. Persönliche **Überzeugungen lassen sich in einer pluralistischen Gesellschaft nicht verbieten**.

keine Veränderung der Einstellung

Darüber hinaus kann man guten Gewissens sagen, dass die NPD in der **politischen Bedeutungslosigkeit** umherdümpelt und so wenig Struktur aufweist, dass es V-Männern ja überaus leicht fiel, quasi die komplette Partei zu übernehmen. Diesbezüglich käme ein Verbot wohl dem sprichwörtlichen Vorhaben gleich, mit Kanonen auf Spatzen zu schießen und ließe jedes Augenmaß vermissen.

Unverhältnismäßigkeit des Verbots

MP: Sie sprechen von politischer Bedeutungslosigkeit? Immerhin sind Abgeordnete der NPD derzeit in zwei Landtagen vertreten und die Partei wird zu einem nicht unerheblichen Teil aus **staatlichen Mitteln finanziert**. Mir sträuben sich die Haare, wenn ich daran denke, dass Feinde der Demokratie für ihre geistige Brandstiftung auch noch Geld bekommen! Die NPD hat derzeit das Recht, unsere öffentlichen Plätze zu besetzen, sie darf in Rathäusern tagen, sie kann Aufmärsche organisieren und muss dabei sogar noch von der Polizei geschützt werden. Dieser Zustand ist für mich unerträglich.

Pro Finanzierung

Für mich zeichnet sich eine starke und **wehrhafte Demokratie** dadurch aus, dass sie ihren Feinden die rote Karte zeigt und notfalls auch zu den äußersten Mitteln greift.

wehrhafte Demokratie

X: Zweifelsohne ist die Wehrhaftigkeit unserer Demokratie von unschätzbarem Wert und ich stimme Ihnen voll und ganz zu, wenn Sie sagen, man müsse Extremisten entschlossen entgegentreten und man dürfe ihnen keinesfalls das Feld überlassen. Aber ich bin ebenso davon überzeugt, dass wir einen **politischen Sieg über die NPD** brauchen und kein Verbot. Das Motto „Keine NPD – kein Problem!“ ist gefährlich. Wir brauchen eine offene Debatte über Rechtsextremismus und Fremdenfeindlichkeit, wir brauchen Diskussionen über die **Ursachen** und wir brauchen **Lösungen** dafür. Ein Verbot allein kann dies nicht erreichen. Mir erscheint es viel wichtiger, die Menschen mit ihren Sorgen und Nöten ernst zu nehmen und sie wieder für die Demokratie zu begeistern, statt sich mit symbolischen Parteiverboten zu befassen. Staatliche Verbotsmaßnahmen müssen das letzte Mittel, die **ultima ratio**, bleiben.

Kontra
politische Auseinandersetzung mit Ursachen wichtiger

MP: Gut, dass Sie das ansprechen, denn ich denke – so unterschiedlich unsere Auffassungen bezüglich eines NPD-Verbots auch sein mögen – hier sind wir einer Meinung: Ein Verbot allein löst kein Problem. Daher müssen sich zwingend auch in Zukunft die verschiedenen Institutionen der Bildungsarbeit, die gesellschaftlichen Verbände, die Medien und die Bürgerinitiativen vor Ort politisch mit nationalistischen Einstellungen auseinandersetzen und …

Finden eines gemeinsamen Nenners

X: Entschuldigen Sie, wenn ich Sie unterbreche, aber ich würde Ihren Satz gerne beenden. Sie gestatten?

MP: Nur zu.

X: … der Staat muss verpflichtet werden, derartige Aktivitäten nicht nur ideell, sondern auch materiell nachhaltig zu fördern.

MP: Richtig! An dieser Stelle würde ich mich gerne für das interessante Gespräch mit Ihnen bedanken.

X: Auch ich bedanke mich und wünsche Ihnen weiterhin viel Erfolg für Ihre politische Tätigkeit.

Schriftliche Abiturprüfung Gemeinschaftskunde (Baden-Württemberg) 2014
Aufgabe I: Wirtschaftliche Dynamik und Wirtschaftspolitik

Leitthema: Verbessert Wirtschaftswachstum das Leben der Menschen?

Aufgaben:

1. Der Autor von M 2 behandelt das Verhältnis von Wirtschaftswachstum und Einkommensverteilung.
Arbeiten Sie seine Position zu diesem Thema heraus. — 10 VP

2. M 2 und M 3 beschäftigen sich mit der Frage, ob das Bruttoinlandsprodukt (BIP) ein geeigneter Indikator für die Wohlstandsmessung ist.
Vergleichen Sie die Aussagen von M 2 und M 3 in dieser Hinsicht. — 12 VP

3. Das Wirtschaftswachstum ist ein zentrales Ziel im Stabilitäts- und Wachstumsgesetz von 1967.

   a) Erklären Sie die drei übrigen Ziele des sogenannten „magischen Vierecks". — 8 VP

   b) Beurteilen Sie an einem Beispiel Ihrer Wahl die Möglichkeit des Staates, Wirtschaftswachstum zu fördern. — 10 VP

4. China, Deutschland und Bangladesch sind ökonomisch unterschiedlich entwickelte Staaten.
Charakterisieren Sie das in M 4 dargestellte Wachstum des Bruttoinlandsproduktes dieser Länder. — 8 VP

5. Bewerten Sie am Beispiel eines Staates oder mehrerer Staaten Ihrer Wahl, ob Wirtschaftswachstum das Leben der Menschen verbessert. — 12 VP

60 VP

M 1 Grundgesetz

M 2 Robert Skidelsky, Das Glück durch Gleichheit

Können wir im alten Tempo weiterwachsen, ohne unsere Zukunft zu gefährden? Als die Menschen in den 1970er Jahren anfingen, über die „natürlichen" Grenzen des Wachstums zu sprechen, meinten sie das drohende Ende der Nahrungsmittelreserven und die nichterneuerbaren Bodenschätze. In jüngster Zeit hat sich die Debatte auf CO_2-Emissionen verlagert. […]

In jüngerer Zeit wurde die Frage nach enttäuschenden Ergebnissen des Wachstums aufgeworfen. Es wird immer deutlicher, dass ein Wirtschaftswachstum unser Wohlbefinden nicht unbedingt steigern kann. Warum sollen wir also so weiter wachsen wie bisher?

Das Fundament für diese Frage wurde schon vor einiger Zeit gelegt. 1974 veröffentlichte der Wirtschaftswissenschaftler Richard Easterlin einen berühmten Aufsatz „Verbessert Wirtschaftswachstum das Los der Menschheit? Einige empirische Beweise". Nachdem Easterlin das Pro-Kopf-Einkommen und die selbst eingeschätzte Zufriedenheit in den Ländern zueinander in Beziehung setzte, kam er zu einer erstaunlichen Schlussfolgerung: Wirtschaftswachstum verbessert das Los wahrscheinlich nicht.

Oberhalb eines eher niedrigen Einkommensniveaus, sagen wir genug, um die Grundbedürfnisse zu befriedigen, fand Easterlin keine Korrelation zwischen Glück und BNE[1] pro Kopf. Anders ausgedrückt: Das BNE eignet sich schlecht als Maß für die Lebenszufriedenheit.

Diese Erkenntnis verstärkte die Bemühungen, alternative Indizes zu entwickeln. 1972 stellten die beiden Wirtschaftswissenschaftler William Nordhaus und James Tobin ein Maß vor, das sie Net Economic Welfare nannten. Das wird berechnet, indem man „schlechte" Auswirkungen, wie beispielsweise Umweltverschmutzung, vom BNE abzieht und Aktivitäten außerhalb des Marktes, wie Freizeit, hinzurechnet. Sie zeigten, dass eine Gesellschaft mit mehr Freizeit und weniger Arbeit einen ebenso hohen Wohlstand erreichen kann, wie eine Gesellschaft mit mehr Arbeit – und damit einem höheren BNE – und weniger Freizeit.

In letzter Zeit wurde versucht, eine größere Bandbreite an Indikatoren für „Lebensqualität" in die Messwerte einfließen zu lassen. Das Problem ist, dass man die Quantität einer Sache messen kann, nicht aber die Qualität. Wie man diese beiden Betrachtungsweisen zu einem Index der „Lebenszufriedenheit" kombinieren kann, ist eher eine Frage der Moral als der Ökonomie. Daher überrascht es nicht, dass die meisten Wirtschaftswissenschaftler ausschließlich bei ihren quantitativen Maßen für die Berechnung des „Wohlstands" bleiben.

Doch noch eine weitere Erkenntnis beeinflusst langsam aber sicher die aktuelle Debatte über Wachstum: Die arme Bevölkerung eines Landes ist weniger glücklich als die reiche Bevölkerung. Mit anderen Worten: Der Grad an Zufriedenheit wird weniger vom absoluten Einkommen bestimmt als vom Einkommen im Verhältnis zu einer Referenzgruppe. Wir vergleichen unser Schicksal ständig mit dem der anderen und fühlen uns entweder überlegen oder unterlegen, egal wie hoch unser Einkommen ist; Wohlbefinden hängt stärker davon ab, wie die Früchte des Wachstums verteilt sind, als von ihrer absoluten Menge.

Für die Lebenszufriedenheit ist also nicht das Wachstum des Durchschnittseinkommens wichtig, sondern das des mittleren Einkommens. Als Beispiel kann eine Gruppe von zehn Personen dienen, in der der Geschäftsführer pro Jahr 150 000 Euro verdient, die anderen neun Personen, allesamt Arbeiter, jeweils 10 000 Euro. Der Durchschnitt ihrer Einkommen beträgt 25 000 Euro. 90 Prozent verdienen aber je nur 10 000 Euro. Bei dieser Art der Einkommensverteilung wäre es erstaunlich, wenn Wachstum das Wohlbefinden eines typischen Mitarbeiters steigern würde.

Das Beispiel ist nicht aus der Luft gegriffen. In den reichen Gesellschaften sind die Durchschnittseinkommen im Laufe der letzten drei Jahrzehnte stetig gestiegen, die typischen Einkommen dagegen stagnierten oder sind teilweise sogar gesunken. Mit anderen Worten hat eine Minderheit – eine sehr kleine Minderheit in Ländern wie den Vereinigten Staaten und Großbritannien – einen Großteil der Gewinne durch Wachstum an sich gerissen. In solchen Fällen sollten wir nicht mehr Wachstum, sondern mehr Gleichheit anstreben.

Denn mehr Gleichheit würde nicht nur dazu führen, dass wir durch mehr Sicherheit und bessere Gesundheit zufriedener werden. Sie würde uns auch mehr Befriedigung verschaffen durch mehr Freizeit, mehr Zeit mit Familie und Freunden, mehr Respekt von Seiten der Mitmenschen und durch mehr Wahlmöglichkeiten, was den eigenen Lebensstil betrifft. Große Ungleichheit lässt unser Verlangen nach Waren stärker werden, weil wir ständig daran erinnert werden, dass wir weniger haben als andere.

Aus: Robert Skidelsky: Das Glück durch Gleichheit
In: Financial Times Deutschland, 16. 11. 2012

Anmerkung
1 Bruttonationaleinkommen (BNE), früher Bruttosozialprodukt; im vorliegenden Zusammenhang kann der Unterschied zum Bruttoinlandsprodukt (BIP) vernachlässigt werden.

M 3 Wohlstand – keine Alternative zum BIP

Versuche, dem BIP etwas entgegenzusetzen oder gar das BIP durch einen anderen umfassenden Indikator zu ersetzen (Stichwort „Jenseits des BIP“) gibt es seit langem und es wird sie auch immer wieder geben, denn es ist sehr unwahrscheinlich, dass ihnen jemals Erfolg beschieden sein wird. [...]

Ein wie auch immer konstruiertes nationales Wohlfahrtsmaß ist notwendig statistisch von anderer Qualität als das BIP, und zwar von minderer Qualität. Nicht nur das Ziel der Messung, auch die Methode ist kritikwürdig. [...]

Es ist natürlich unbestritten, dass es „Nutzen“, Glück und Befriedigung sind, auf die es „letzten Endes“ ankommt, aber daraus kann man nicht den Schluss ziehen, der beobachtbare Kauf von Gütern sei weniger wichtig als der damit verbundene und einem möglicherweise gar nicht bewusste Nutzen oder Schaden. Man kann natürlich die „Bewegungsfreiheit“ oder auch die „Umweltbelastung“ von Autos messen, aber dem steht nicht entgegen, dass es für die Gesellschaft wichtig ist, zu wissen, wie viele Autos produziert wurden und wie dadurch Einkommen und Beschäftigung entstanden sind. [...]

Umweltschäden sind oft von unbekannter Höhe und sie treten erst mit erheblicher Verzögerung auf. Selbst dann, wenn man wüsste, welcher Zeitperiode sie in welchem Maße (zu welchem Teil) zuzuordnen sind, ist es sehr schwierig, sie sinnvoll auf den heutigen Zeitpunkt abzudiskontieren[2]. Entsprechendes gilt für die Beurteilung von Phänomenen unter dem Aspekt der „Nachhaltigkeit". Auch bei ihr spielt die Zukunft eine entscheidende Rolle, da es ja gerade das Ziel ist, so zu wirtschaften, dass nachfolgenden Generationen kein Schaden entsteht. Dabei kann man unterschiedliche Zeithorizonte zugrunde legen. Auch bei Bildungsabschlüssen eines Schülers oder Studenten stellt sich der „wahre" Wert meist erst später heraus. Ausgaben für Bildung, wie sie in das BIP einfließen, sind einigermaßen messbar, der Output oder gar der Nutzen (Beitrag zur Wohlfahrt) wohl erheblich weniger. […]

Aus alledem folgt, dass man als Erfinder eines Wohlfahrtsmaßes „jenseits des BIP" eigentlich nur bei einer sehr groben Betrachtung der Meinung sein kann, man habe etwas gefunden, das dem BIP überlegen ist. […]

Es ist eine unserer Thesen, dass die Fürsprecher eines Wohlstandsindikators diese Frage nicht wirklich durchdacht haben, und dass gerade deshalb das BIP als Maßstab notwendig ist, weil es jenseits des BIP kein unumstrittenes zusammenfassendes Maß gibt.

Aus: Peter M. von der Lippe, Claus C. Breuer: Wohlstand – keine Alternative zum BIP
In: Wirtschaftsdienst, Heft 7/2010, S. 444 ff.

Anmerkung

2 Hier: Es wird versucht, eine Auswirkung, die in der Zukunft eintritt, heute schon einzurechnen.

M 4 Wachstum des Bruttoinlandsprodukts in Prozent 1990–2011

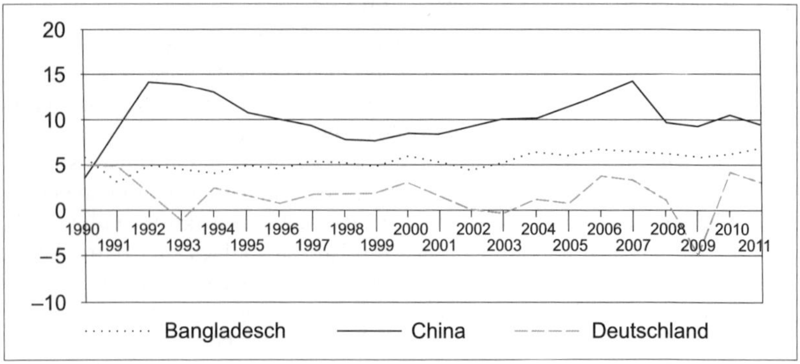

Aus: Wachstum des Bruttoinlandsprodukts in Prozent 1990–2011
In: Weltbank, 2012 (http://data.worldbank.org/indicator/…; letzter Zugriff: 18. 10. 2013; eigene Darstellung)

Lösungsvorschlag

Die Lösungsvorschläge stellen nur eine mögliche Antwort dar. Andere Lösungsmöglichkeiten sind zugelassen, wenn sie der Aufgabenstellung entsprechen und sachlich richtig sind.

1. *„Herausarbeiten" bedeutet hier, dem Text die Position des Autors zur Frage des Verhältnisses zwischen Wirtschaftswachstum und Einkommensverteilung zu entnehmen. Die formalen Kriterien der Textarbeit sind für das Erreichen der vollen Punktzahl zu berücksichtigen.*

Robert Skidelskys Artikel „Das Glück durch Gleichheit" ist am 16. 11. 2012 in der Financial Times Deutschland erschienen. Quellenangabe

Der Autor befasst sich mit dem auf den ersten Blick erstaunlichen Befund, dass Wirtschaftswachstum unser „Los wahrscheinlich nicht" (Z. 16) verbessere. Er führt das u. a. auf den **Zusammenhang zwischen Einkommenssituation und Wohlbefinden** zurück: Die Zufriedenheit mit der jeweiligen Lebenslage hänge in erster Linie „vom Einkommen im Verhältnis zu einer Referenzgruppe" (Z. 40 f.) ab, also davon, „wie die Früchte des Wachstums verteilt sind" (Z. 44). Skidelsky verlangt daher „mehr Gleichheit" (Z. 59) statt einer **Fixierung auf Wachstum**. Gleichheit

Um seine Forderung zu untermauern, skizziert er die **Einkommensentwicklung** in wohlhabenden Gesellschaften wie Großbritannien und den USA. Während dort die Durchschnittseinkommen seit 30 Jahren „stetig gestiegen" (Z. 54 f.) seien, hätten „die typischen Einkommen" (Z. 55) stagniert oder seien gesunken. Mit anderen Worten: Nur eine **Minderheit** der Gesellschaft habe das wirtschaftliche Wachstum in steigende Einkommen umzumünzen vermocht. Entwicklung der Einkommen

Skidelsky erwartet von einem Mehr an Gleichheit u. a. „mehr Sicherheit und bessere Gesundheit" (Z. 60 f.) sowie ein höheres Maß an **Zufriedenheit**. Zudem erwüchsen aus dieser insgesamt verbesserten Lebenssituation **neue Handlungsoptionen**. Demgegenüber habe Ungleichheit ein gesteigertes **Verlangen nach Gütern** zur Folge, da Konsum die Kluft zwischen den Einkommensklassen vergessen lasse (vgl. Z. 64 f.). Zufriedenheit

2. *„Vergleichen" erfordert hier, zunächst die Aussagen von M 2 und M 3 zur Frage der Eignung des BIP als Indikator für Wohlstandsmessung zu erarbeiten, um sie anschließend auf Gemeinsamkeiten und Unterschiede zu prüfen. Am Schluss müssen Sie ein Fazit formulieren.*

Wie Skidelsky (M 2) beschäftigen sich auch Peter von der Lippe und Claus Breuer in ihrem 2010 im Wirtschaftsdienst erschienenen Artikel „Wohlstand – keine Alternative zum BIP" (M 3) mit Wiedergabe der Hauptaussagen beider Texte

der Bedeutung des Wirtschaftswachstums. Übereinstimmend kommen die drei Autoren zu dem Schluss, dass sich das BIP für die rein **quantitative Messung** von Wohlstand eigne.

Allerdings versieht Skidelsky aus seiner wachstumsskeptischen Perspektive das BNE/BIP als alleiniges Maß für Wohlstand mit einem Fragezeichen. Er verweist auf Studien, denen zufolge sich „keine Korrelation zwischen Glück und BNE pro Kopf" (Z. 18 f.) nachweisen lasse: Im Gefolge der Debatten über die Grenzen des Wachstums wurden **neue Indizes** diskutiert, die das BNE zu **Externalitäten** wie etwa Umweltverschmutzung in Beziehung setzen (vgl. Z. 21 ff.). Somit sollen einerseits die Kosten des Wachstums beziffert werden, andererseits werden positive „Aktivitäten außerhalb des Marktes" (Z. 25) zum BNE addiert. Skidelsky bezweifelt indes, dass die Berücksichtigung alternativer Indikatoren zur Erfassung der **Lebensqualität** quantitativ stichhaltig ist. Wer sich mit Fragen der Lebenszufriedenheit beschäftige, öffne eine **moralische Dimension**, die sich einer wirtschaftswissenschaftlichen Analyse entziehe (vgl. Z. 31 ff.).

M 2: Fokus auf Chancen neuer Indizes

Die Autoren von M 3 dagegen halten es für **„sehr unwahrscheinlich"** (Z. 3 f.), dass sich das BIP als Indikator für die Wohlstandsmessung ersetzen lässt. Jedes andere Wohlfahrtsmaß sei statistisch „von minderer Qualität" (Z. 6), und zwar mit Blick sowohl auf „das **Ziel** der Messung" (Z. 7) als auch auf deren **Methode**. Die Autoren betonen, dass „der beobachtbare Kauf von Gütern" (Z. 10) in seiner Bedeutung keinesfalls hinter dem damit verbundenen Nutzen oder Schaden zurückstehe. So sei es durchaus relevant, die Zahl der produzierten Autos zu kennen, da sich hieraus Rückschlüsse auf das Einkommen und die Beschäftigung ziehen ließen (vgl. Z. 12 ff.). Dass mit der Herstellung und Nutzung von Autos **Umweltschäden** einhergingen, sei nicht zu leugnen, doch diese seien „oft von unbekannter Höhe" und zeigten sich „erst mit erheblicher Verzögerung" (Z. 16 f.). Dass **„unterschiedliche Zeithorizonte"** (Z. 23) eine Quantifizierung alternativer Indikatoren erschwerten, sei auch bei der Bewertung von Bildungsabschlüssen hinsichtlich ihres Wohlfahrtseffekts zu beobachten. Folglich könnten neue Indikatoren zur Wohlstandsmessung „nur bei einer sehr groben Betrachtung" (Z. 29) befriedigen. Kurzum: Ein „unumstrittenes zusammenfassendes Maß" (Z. 33 f.) jenseits des BIP sei nicht in Sicht.

M 3: Fokus auf Vorteile des BIP

Während also von der Lippe und Breuer alternative Indizes rundweg für ungeeignet halten, plädiert Skidelsky dafür, zwischen einer quantitativen und einer qualitativen Betrachtungsweise zu trennen.

Fazit

3. a) *Hier sollen Sie die drei weiteren Ziele des „magischen Vierecks" im Zusammenhang darstellen.*

Das Stabilitätsgesetz von 1967 formuliert neben dem stetigen und angemessenen Wirtschaftswachstum drei weitere **Ziele der Wirtschaftspolitik:** Preisniveaustabilität, hoher Beschäftigungsstand sowie außenwirtschaftliches Gleichgewicht. Von einem „**magischen Viereck**" wird gesprochen, da sich Zielkonflikte ergeben können, wenn man alle vier Parameter optimal gestalten will.

Bezug zum Stabilitätsgesetz, Begriffserklärung

Als Maß der **Preisniveaustabilität** gilt die **Inflationsrate**. Für die Eurozone strebt die Europäische Zentralbank eine Inflationsrate von nahe, aber unter **zwei Prozent** an, da hierbei einerseits wirtschaftliches Wachstum möglich ist, andererseits die „kalte Enteignung" der Sparer durch eine verschärfte Geldentwertung verhindert wird.

Stabilität des Preisniveaus

Nach einer allgemein akzeptierten Definition herrscht **Vollbeschäftigung**, sobald die Arbeitslosenquote unter **vier Prozent** gesunken ist. Makroökonomisch bedeutet ein **hoher Beschäftigungsstand** eine optimale Auslastung des Produktionsfaktors Arbeit. Der Staat profitiert aufgrund einer belebten Binnennachfrage von **hohen Steuereinnahmen**, während die Ausgaben der sozialen Sicherungssysteme sinken. Individualpsychologisch festigt ein hoher Beschäftigungsstand das **Vertrauen** der Bürger in die Gesellschafts- und Wirtschaftsordnung.

hoher Beschäftigungsstand

In der **Leistungsbilanz** werden jene Transaktionen von Waren und Dienstleistungen abgebildet, die innerhalb eines Jahres zwischen Inländern und Ausländern stattfinden. Von einem **außenwirtschaftlichen Gleichgewicht** spricht man, wenn die vom Ausland erhaltenen Zahlungseingänge den ins Ausland geflossenen Zahlungsausgängen entsprechen. Weist ein Staat, wie z. B. Deutschland, einen hohen **Leistungsbilanzüberschuss** aus, können u. U. makroökonomische **Ungleichgewichte** entstehen.

außenwirtschaftliches Gleichgewicht

b) *Bei dieser Teilaufgabe sollen Sie die Möglichkeit des Staates zur Förderung des Wirtschaftswachstums auf der Grundlage eines Beispiels prüfen. Nennen Sie dabei die von Ihnen angewandten Kriterien. Zur Erreichung der vollen Punktzahl ist die Stringenz der Argumentation ausschlaggebend.*

Die Förderung des Wirtschaftswachstums durch den Staat kann etwa anhand folgender Kriterien überprüft werden: Anreizwirkung, Effizienz, Nachhaltigkeit, Gerechtigkeit, Legitimität. Das zu wählende Beispiel kann sich sowohl auf eine Einzelmaßnahme (z. B. Abwrackprämie von 2009 oder Subventionierung der regenerativen Energien durch das EEG-Gesetz) als auch auf die

Angebots- oder die Nachfragetheorie als Ganze erstrecken. Im Folgenden wird die Förderungstätigkeit des Staates exemplarisch anhand einer keynesianischen Nachfragepolitik beurteilt.

Beispiel für wirtschaftspolitische Maßnahmen

Eine Maßnahme, die der Staat im Rahmen einer Strategie zur Wachstumsförderung treffen kann, ist das **Deficit Spending:** Laut dem Keynesianismus sollte der Staat nicht warten, bis der Arbeitsmarkt nach Turbulenzen wieder ein Gleichgewicht erreicht, sondern muss einspringen, um die nötige Nachfrage zu generieren, und dazu Schulden aufnehmen. Mit diesem Geld können **Subventionen** oder **Infrastrukturprojekte**, etwa Straßenbau oder Schulsanierung, finanziert werden – in der Hoffnung, so die lahmende Konjunktur wieder in Schwung zu bringen und durch eine **stimulierte Nachfrage** die Beschäftigungsquote zu erhöhen. Indem der Staat **antizyklisch** in das Marktgeschehen eingreift, will er konjunkturelle Ausschläge **fiskalpolitisch** glätten und eine Verstetigung des wirtschaftlichen Wachstums fördern. Er kann so zu einer **Expansion** oder aber – in Zeiten einer überhitzten Konjunktur – zu einer **Dämpfung** der gesamtwirtschaftlichen Nachfrage beitragen.

Beurteilung der Instrumente:

Anreizwirkung

Aus dem Blickwinkel der **Anreizwirkung** ist die Politik gut beraten, sorgfältig zu prüfen, welches Verhalten sie nahelegen möchte, um zu verhindern, dass im schlimmsten Fall das Gegenteil des Erwünschten geschieht (**Kobraeffekt**). Einerseits kann eine keynesianische Politik die Nachfrage nach Gütern und Arbeit stimulieren. Andererseits besteht die Gefahr, dass Investitionen, die ohnehin getätigt worden wären, nun auf Kosten der Steuerzahler verwirklicht werden.

Effizienz

Die **Effizienz** der Nachfragepolitik ist ebenfalls umstritten. Zwar könnte man deren Wirksamkeit am Beispiel der **Abwrackprämie** bestätigt sehen, da die Automobilindustrie hierdurch auf dem Höhepunkt der Wirtschafts- und Finanzkrise stabilisiert wurde. Allerdings fällt es den politischen Entscheidungsträgern schwer, das nachfrageorientierte Instrumentarium richtig zu dosieren („fine tuning"). Bis entsprechende Konjunkturprogramme wirken, hat möglicherweise bereits ein Aufschwung eingesetzt, sodass sie nun **prozyklisch** wirken und zu einer Überhitzung mit inflationären Tendenzen führen können.

Nachhaltigkeit

Der Aspekt der **Nachhaltigkeit** betrifft die langfristige Wirkung keynesianischer Maßnahmen. Kritiker weisen darauf hin, dass der antizyklische Impuls meist nur in einer Phase des Abschwungs zur Geltung kommt. In Zeiten des Booms werden hingegen nur selten Schulden abgebaut, da dies **poli-**

tisch unpopulär ist. Zudem stellt sich die Frage, ob die **kurzfristigen Impulse** einer Strategie zur Stabilisierung der gesamtwirtschaftlichen Nachfrage überhaupt mehr als ein Strohfeuer entfachen können, also einen längerfristigen Strukturwandel als Voraussetzung neuer Wachstumspotenziale anstoßen.

Gerechtigkeit

Da der Keynesianismus dem privatwirtschaftlichen Nachfrageausfall gegensteuern möchte, versorgt er einerseits die Haushalte mit dem Einkommen, das sie benötigen, um ihre Bedürfnisse auch in Krisenzeiten zu befriedigen. Dies stärkt die soziale **Gerechtigkeit**, da das **Marktversagen** so nicht einseitig zulasten der Konsumenten wirkt. Andererseits wäre jedoch zu prüfen, welche Interessen von einer nachfrageorientierten Politik profitieren. V. a. die Frage der **Generationengerechtigkeit** drängt sich auf, wenn man die Wirkung einer überbordenden Staatsverschuldung bedenkt.

4. *„Charakterisieren" verlangt hier, das in M 4 dargestellte BIP-Wachstum mit seinen typischen Merkmalen zu beschreiben.*

Quellenangabe, Kurzbeschreibung

Das von der Weltbank 2012 veröffentlichte Liniendiagramm zeigt das Wachstum des Bruttoinlandsprodukts in den Ländern Bangladesch, China und Deutschland. Statistisch erfasst sind die Jahre zwischen 1990 und 2011. Die Werte sind in Prozent angegeben.

Konjunkturzyklus, Fokus auf China und Bangladesch

Zunächst stechen die **zyklischen Schwankungen** ins Auge, die typisch für den Konjunkturverlauf sind. Allerdings schwankt das BIP-Wachstum Bangladeschs deutlich geringer als das Chinas und Deutschlands. Das **Entwicklungsland** Bangladesch wächst über die Jahre hinweg um einen relativ konstanten Wert von etwa 5 %. Das **Schwellenland** China hingegen durchläuft bis Mitte der 1990er-Jahre eine Phase stürmischen Wachstums mit Werten von über 10 %. Im Jahr 2007 erreicht es dann wieder einen Peak mit ca. 14 %. Die Finanz- und Wirtschaftskrise lässt die Wachstumsrate dann wieder auf etwa 10 % absinken. Schwellen- und zum Teil auch Entwicklungsländer weisen typischerweise überdurchschnittliche Wachstumsraten auf, da sie einen nachholenden Industrialisierungsprozess durchlaufen.

Fokus auf Deutschland

Das entwickelte **Industrieland** Deutschland weist ab 1992 die im Vergleich geringsten Wachstumsraten auf. Sie steigen nie über 5 %. Nach Ende des kurzen Wiedervereinigungsbooms bis 1993, dann wieder im Jahr 2003 sowie infolge der Finanzkrise 2009 bricht das Wachstum sogar ein und wird negativ. Im Jahr 2010 erreicht es aber wieder ca. 4 %.

5. *Hier sollen Sie die Frage, ob Wirtschaftswachstum das Leben der Menschen verbessert, beurteilen und persönlich dazu Stellung nehmen. Dabei müssen Sie Ihre eigenen Wertmaßstäbe offenlegen. Die Stringenz Ihrer Argumentation ist entscheidend für die Punktevergabe.*

Einstieg: Nennen des Beispiels und der Kriterien

Mögliche Kriterien zur Bewertung der Frage nach positiven Auswirkungen von Wirtschaftswachstum auf das Leben der Menschen sind Effizienz, soziale Gerechtigkeit, Nachhaltigkeit und Legitimität. Diese Kriterien sollen am Beispiel des **Schwellenlands China** überprüft werden.

Effizienz und Strukturwandel

Das rasante Wirtschaftswachstum, das China seit Beginn seiner Reform- und Öffnungspolitik erlebt, hat das Los von Millionen von Menschen deutlich verbessert. Sie leben aufgrund der **neuen Erwerbsmöglichkeiten** nicht mehr in Armut und führen ein selbstbestimmteres Leben. Die grundlegende Modernisierung der chinesischen Volkswirtschaft ging mit einem tief greifenden Strukturwandel einher, der das zuvor agrarisch geprägte Reich der Mitte zu einem **Schwellenland** aufsteigen ließ. Dessen Industrie ist auf dem Weltmarkt mittlerweile nicht mehr nur über den Preis konkurrenzfähig bzw. fungiert nicht mehr als verlängerte Werkbank des Westens. Das für diese Entwicklung nötige **Humankapital** besteht aus gut ausgebildeten Chinesen, die teilweise ausländische Universitäten besucht haben, die unmittelbar von der seit zwei Jahrzehnten beeindruckenden Wachstumsdynamik ihres Landes profitierten und die der Kern einer neuen **Mittelschicht** sind – welche im Übrigen traditionell als Motor politischer Veränderungen wirkt.

Nicht zu übersehen ist jedoch, dass die Effizienzgewinne auch mit individuellen Opfern einhergehen. So gibt es in China schätzungsweise eine Viertelmilliarde Wanderarbeiter, die zum Teil unter **menschenunwürdigen Bedingungen** und ohne hinreichende soziale Absicherung schuften.

Verteilungsgerechtigkeit

Wirtschaftliches Wachstum kann zudem in **soziale Gerechtigkeit** umgemünzt werden, wenn die Politik Maßnahmen ergreift, um den durch Wachstum generierten Wohlstand gesellschaftlich weit zu streuen. Die Verteilungsgerechtigkeit in China ist jedoch ein kontrovers diskutiertes Thema, da die **sozialen Schichten** nach wie vor sehr ungleich vom ökonomischen Erfolg des Landes profitieren. Millionen von Wanderarbeitern hat das Wirtschaftswachstum bislang wenig genutzt. Auch eine **grassierende Korruption** bei der politischen Elite lässt Zweifel daran aufkommen, ob die sozialen Sicherungssysteme ausreichen, um die Härten des Strukturwandels abzufedern.

Der Aspekt der Nachhaltigkeit ist sicher die Achillesferse des chinesischen Wachstums. Der **Wandel zur Industrienation** verschlingt enorme Mengen an Rohstoffen. Werden diese im Inland gewonnen, spielt der **Umweltschutz** oft eine untergeordnete Rolle. Berüchtigtstes Beispiel ist der Drei-Schluchten-Staudamm, der ohne Rücksicht auf den Naturschutz und die Interessen der von Umsiedlung betroffenen Bevölkerung verwirklicht wurde. Jemand muss offenbar den Preis des Wachstums bezahlen, damit dieses nicht an seine Grenzen stößt. Die **Luftverschmutzung** in chinesischen Großstädten ist ein weiterer Beleg dafür, dass das Leben der Menschen nur dann besser wird, wenn die Auswirkungen eines **ungezügelten Wachstums** eingedämmt werden und beispielsweise der Gesundheitsvorsorge größere Bedeutung eingeräumt wird.

Nachhaltigkeit und Rohstoffhunger

Die Legitimität des Wachstums ist in China eng mit der **Legitimität des politischen Systems** verknüpft, welches wiederum auf die Verteilungseffekte des Wachstums Einfluss hat. Der chinesische Einparteienstaat vollzieht einen Spagat zwischen einem starren Politikverständnis, das **Dissidenten** die ganze Härte des Gewaltapparats spüren lässt, und einer dynamischen Wirtschaft, deren Früchte all jene genießen dürfen, die sich politisches Wohlverhalten auferlegen. Wirtschaftswachstum kann in diesem Kontext eine **ambivalente Wirkung** entfalten. Einerseits steigert es die **Zufriedenheit** mit dem politischen System, sodass jene, die vom Aufschwung und Strukturwandel profitieren, keine Machtfrage stellen, sondern möglicherweise sogar stolz auf den **internationalen Reputationsgewinn** Chinas sind. Andererseits spiegelt sich der wirtschaftliche Erfolg einer Nation meist auch in dem Bestreben der Mittelschicht wider, politischen Einfluss zu gewinnen und den Verzicht auf **Partizipation** nicht länger als Preis für gesellschaftliche oder ökonomische Stabilität zu akzeptieren.

Legitimität und politische Macht

Abschließend lässt sich festhalten, dass wirtschaftliches Wachstum eine notwendige, aber nicht hinreichende **Voraussetzung** dafür ist, dass viele Menschen ihre Lebenssituation merklich und dauerhaft verbessern können. Von den **staatlichen Rahmenbedingungen** hängt es jedoch ab, ob dies in einen unlösbaren politischen oder ökologischen Zielkonflikt mündet.

Fazit

Schriftliche Abiturprüfung Gemeinschaftskunde (Baden-Württemberg) 2014
Aufgabe II: Politische Institutionen und Prozesse

Leitthema: Wie gut funktioniert die repräsentative Demokratie der Bundesrepublik Deutschland?

Aufgaben:

1.	Beschreiben Sie ausgehend von M 1 die Möglichkeiten der Bürger, am politischen Entscheidungsprozess in Deutschland teilzuhaben.	8 VP
2.	Arbeiten Sie aus M 2 heraus, welche Kritik der Autor am Verhalten der Bürger im politischen Prozess übt.	8 VP
3.	Die Autoren von M 2 und M 3 konstatieren beide einen krisenhaften Zustand unserer Demokratie. Vergleichen Sie ihre Vorschläge, diesem Zustand zu begegnen.	12 VP
4.	Der Autor von M 2 stellt eine „allgemeine Verachtung gegenüber der Politik“ (Z. 7 f.) sowie „Politikverdrossenheit“ (Z. 15) fest. Analysieren Sie M 4 vor dem Hintergrund dieser Aussage.	8 VP
5.	Der Autor von M 2 verteidigt die repräsentative Demokratie als funktionstüchtig (vgl. Z. 20 ff.). Überprüfen Sie diese These am Beispiel der parlamentarischen Kontrolle politischer Herrschaft.	10 VP
6.	Der Autor von M 2 kritisiert unter anderem „Talkshow-Marathons“ (Z. 52). Erörtern Sie, ob die Medien zur Funktionsfähigkeit unserer repräsentativen Demokratie beitragen.	14 VP
		60 VP

M 1 Grundgesetz

M 2 Laszlo Trankovits, Eine Verteidigung der Demokratie – gegen den maßlosen Bürger

Politik ist heute eine Dauerveranstaltung, deren Mechanismen immer stärker schwer beeinflussbaren Märkten sowie den Medien – also der Öffentlichkeit – gehorchen. Stammtisch, Web und „kritische Öffentlichkeit“ eint oft die Hybris gegenüber der Politik. Man wettert gegen die Politik, als ob in Regierungen, Parlamenten und Parteien nur Versager, Blinde und Gekaufte sitzen. Dabei ist die politische Klasse in den großen westlichen Demokratien keineswegs so

verrottet und unfähig, wie sie oft dargestellt wird. Die allgemeine Verachtung gegenüber der Politik spiegelt sich nicht selten im abfälligen, respektlosen Ton und überheblicher Attitüde gegenüber einer angeblich „schmutzigen Politik“ wider. Zumindest in Deutschland war sie wohl nie so sauber wie heute.
Die Politik ist heute mehr denn je überfordert. Macht und Gestaltungsmöglichkeiten von Regierungschefs und parlamentarischen Mehrheiten werden überschätzt. Kaum ein Politiker kann mehr die Erwartungen seiner Anhänger erfüllen. [...] Deshalb wächst das Legitimationsproblem des politischen Systems: Politikverdrossenheit und sinkende Wahlbeteiligungen sind die Symptome. [...]
Im schlimmsten Fall wird der Bürger zum maßlosen, ungeduldigen und emotionalen Schrecken der Politik. Das ändert zwar nichts daran, dass in unserer Demokratie niemand anderes als die Wähler der Souverän bleiben und nur sie die politische Machtfrage entscheiden dürfen. Dieses Grundrecht darf niemals angetastet werden. Aber nur in der repräsentativen Demokratie ist es möglich, dass das Volk der politische Souverän ist und gleichermaßen das komplexe Staatswesen funktions- und zukunftstüchtig bleibt. Verfassungen bewahren unser demokratisches System in der Regel wirkungsvoll vor einer Machtübernahme durch Extremisten und Ideologen. Aber niemand schützt die Demokratie vor den Bürgern, die – sei es aus Unreife, Unwissenheit, Egoismus oder Zorn – das politische System durch Ungeduld, Willkür oder Maßlosigkeit lahmzulegen drohen. Deshalb brauchen wir nicht mehr, sondern eher weniger Demokratie. Vor allem brauchen wir mehr Vertrauen in das repräsentative System. [...]
Um Gegenwart und Zukunft besser zu gestalten, brennende Probleme zu lösen, braucht es enormes Fachwissen und großen Fleiß. [...] Dabei gibt es für die großen Themen und Konflikte unserer Zeit ohnehin keine Patentrezepte und „richtigen“ Lösungen, sondern angesichts der vielen Interessen und Aspekte meist nur Kompromisse und Zwischenlösungen. Die populäre Forderung nach mehr Partizipation geht kaum einher mit einem Pflichtgefühl, sich intensiv bilden, informieren und engagieren zu müssen. Es wächst die Sucht danach, „abgeholt zu werden“. [...]
Manche träumen davon, dass das demokratische System mithilfe des Webs eine neue Dimension bekommt, dass eine *liquid democracy* mit bisher nie gekannter Bürgerbeteiligung entsteht. Tatsächlich ist das Web 2.0 auch ein Aphrodisiakum der Demokratie mit phantastischen Möglichkeiten für mehr Transparenz, Kommunikation und Beteiligung. Jeder kann heute leicht seiner Stimme Gehör verschaffen. Aber das Web ist auch eine Gefahr für die Demokratie, weil die Illusion geweckt wird, direkte Demokratie und ständige Partizipation könnten funktionieren. Das aber wäre ein Irrweg, der in Chaos und Unregierbarkeit münden könnte. Die Forderung nach mehr Mitbestimmung schürt eine gefährliche Illusion über die Weisheit der Massen. [...]
Wer entscheidet, muss zumindest politisch verantwortlich gemacht werden können – das wäre in einer direkten Demokratie nur noch verschwommen möglich. Je mehr der Bürger mitbestimmt, desto mehr droht das System zu einer zukunftsblinden Stimmungsdemokratie zu entarten. Angesichts des per-

manenten Wahlkampfs, der Talkshow-Marathons und Demoskopie-Gläubigkeit befindet sich die Politik ohnehin schon auf einem gefährlich sprunghaften und kurzsichtigen Pfad. […]

Gegen die Krise der Demokratie gibt es kein Patentrezept. Sicher braucht es mehr politische Bildung. Viele Indizien sprechen dafür, dass es vor allem in den Schulen dringenden Handlungsbedarf gibt. Aber es ist auch Zeit, politisch-moralische Forderungen an den Bürger zu stellen. Es muss auch heißen: Informiere Dich! Bilde Dich! Engagiere Dich! Ein wesentlicher Schritt ist die Erkenntnis von Verantwortung.

Aus: Laszlo Trankovits: Eine Verteidigung der Demokratie – gegen den maßlosen Bürger
In: Aus Politik und Zeitgeschichte 38–39/2012, S. 3 ff.

M 3 Rita Süssmuth, Demokratie – mangelt es an Offenheit und Bürgerbeteiligung?

Die Demokratie lebt von der Beteiligung der Bürgerinnen und Bürger. In der aktuellen Debatte haben wir es mit wenigstens drei bestimmenden Trends zu tun: der Weiterentwicklung der Demokratie durch intensivere Beteiligung der Bürgerinnen und Bürger in alten und neuen Formen; der gleichzeitigen Konfrontation mit einem abnehmenden Interesse an Wahlbeteiligung auf allen Ebenen; der wachsenden Skepsis in die politische Problemlösungskapazität, verbunden mit nicht erfüllten Erwartungen an Transparenz, Information und Kommunikation. […]

Von ausschlaggebender Bedeutung ist die Beteiligung durch intensive, bürgeraktivierende Kommunikation. Professionalisiertes Spezialwissen bedarf der Übersetzung und verständlichen Vermittlung. Aber gerade an dieser Kommunikation fehlt es. Sie ist anspruchsvoll, aber unverzichtbar, wenn Beziehungsstörungen zwischen den politischen Entscheidern und den Bürgerinnen und Bürgern ab- und Vertrauen wieder aufgebaut werden soll. […]

Daraus folgt nicht die Forderung nach Abschaffung der repräsentativen, parlamentarischen Demokratie, wohl aber nach einer erheblichen Ausweitung der Bürgerbeteiligung. […]

Mehr direkte Beteiligung der Bürger an der Demokratie über Volksbegehren und Bürgerentscheide sind nur ein Teil der erwarteten Antwort, doch sie würde helfen, das Misstrauen in die Politik zu überwinden und das Vertrauen in die Demokratie wiederherzustellen, solange sie seitens der Politik ernst genommen werden. Ich glaube, dass wir die repräsentative Demokratie um neue Formen der Beteiligung erweitern müssen, um dem Anspruch einer zeitgemäßen Demokratie entsprechen zu können. Wir müssen jedoch auch in anderen Formen der Partizipation denken, da der klassische Volksentscheid von ähnlichem Misstrauen begleitet wird wie Politik und Parteien. […]

Es gibt […] Formen der Bürgerbeteiligung, die sogar das Wesen des Politischen ausmachen, aber in der Vergangenheit immer weiter aus dem Repertoire

der Politik verschwunden sind. Dazu gehört direkte, aufrichtige und authentische Kommunikation mit den Menschen. Sie ist wesentlich für menschliche Beziehungen, auch für die Politiker-Bürger-Beziehung, für Empfindungen der Nähe, aber auch der Distanz. […]
Daneben ist die Öffnung der Demokratie von zentraler Bedeutung, die sich über die gesamte Bandbreite der politischen Teilhabe erstrecken muss. Parteien müssen sich genauso öffnen wie unsere Auffassung von Staatsbürgerschaft und Territorialstaat, um der heterogenen und mobilen Gesellschaft gerecht zu werden.

Aus: Rita Süssmuth: Demokratie – mangelt es an Offenheit und Bürgerbeteiligung? In: Aus Politik und Zeitgeschichte 44/2011, S. 3ff.

M 4 Deutschland: Vertrauen in Institutionen*

Inwieweit vertrauen Sie …	**in %****
dem Euro-System	38
dem Internet	34
der Justiz/den Gerichten	65
der Kirche	39
den Medien (TV, Radio, Zeitung)	43
dem Militär/der Armee	57
den Nichtregierungsorganisationen (z. B. Amnesty International)	59
den politischen Parteien	16
der Polizei	81
der Regierung	34
den großen Unternehmen/den internat. Konzernen	26
der übrigen öffentl. Verwaltung: Ämtern, Behörden	58

* repräsentative Umfrage Ende 2012: 2107 Personen
** Anteil derer in %, die angeben „vertraue voll und ganz"/„überwiegend"

Nach: GfK Verein, GfK Global Trust Report 2013

Anmerkung
GfK: Gesellschaft für Konsumforschung

Lösungsvorschlag

Die Lösungsvorschläge stellen nur eine mögliche Antwort dar. Andere Lösungsmöglichkeiten sind zugelassen, wenn sie der Aufgabenstellung entsprechen und sachlich richtig sind.

1. *Der Operator „beschreiben“ erfordert hier, die verfassungsrechtliche Grundlage der Bürgerbeteiligung zusammenhängend und schlüssig wiederzugeben. Eine bloße Nennung entsprechender Grundgesetzartikel wird der Aufgabenstellung nicht gerecht.*

Einstieg: Bezugnahme auf die Aufgabenstellung

Das Grundgesetz der Bundesrepublik Deutschland garantiert den Bürgern durch verschiedene Artikel die Möglichkeit, am politischen Entscheidungsprozess teilzuhaben.

Nennung und Einordnung der Grundgesetzartikel

Zu nennen ist dabei **Art. 5 GG**, der das Recht auf **freie Meinungsäußerung** verankert und damit den Grundstein zur Beteiligung an politischen Debatten und zur Teilhabe am politischen Entscheidungsprozess legt.

Art. 8 und **9 GG** garantieren darüber hinaus durch die **Versammlungs- und Vereinigungsfreiheit** politische Aktionen von Gleichgesinnten. Diese reichen von Demonstrationen über die Mitarbeit in Interessenverbänden bis hin zur Gründung von Parteien und Bürgerinitiativen. **Parteien** kommt besondere verfassungsrechtliche Bedeutung zu. Sie werden in **Art. 21 GG** explizit als Träger der politischen Willensbildung genannt.

Dem politischen Beteiligungsprozess der Bürger kommt durch **Art. 20 GG** besondere Bedeutung zu. Dort ist verankert, dass „[a]lle Staatsgewalt […] vom Volke“ ausgeht und „in **Wahlen und Abstimmungen**“ ausgeübt wird (Art. 20 (2) GG). Art. 38 (1) GG legt hierfür die Wahlrechtsgrundsätze fest, Abs. 2 regelt die Altersgrenzen sowohl des aktiven als auch des passiven Wahlrechts.

Auch das **Petitionsrecht** ist im Grundgesetz verankert (**Art. 17 GG**). Es bietet den Bürgern die Möglichkeit, sich mit ihren Anliegen direkt an Behörden oder auch Volksvertreter zu wenden und diese so in ihrem Sinne zu beeinflussen.

Abstimmungen im Sinne von **Volksentscheiden** sieht das Grundgesetz auf Bundesebene nur in sehr begrenztem Rahmen vor. Einzig in Bezug auf Veränderungen der Ländergrenzen ist dies möglich (**Art. 29 GG**). Direkte Mitwirkungsmöglichkeiten der Bürger auf Landes- oder Kommunalebene sind jedoch etwa durch sogenannte **Bürger- bzw. Volksbegehren** und Bürgerentscheide gegeben.

2. *Bei der Aufgabenstellung muss zunächst ein einleitender Hinweis auf Autor, Quelle und Thematik des Textes erfolgen. Der Operator „herausarbeiten" verlangt, einem Text Informationen und Sachverhalte zu entnehmen. Dabei geht es hier um die Kritik des Autors am Verhalten der Bürger im politischen Prozess. Die formalen Kriterien der Textarbeit sind für das Erreichen der vollen Punktzahl zu berücksichtigen.*

Laszlo Trankovits äußert sich in seinem Text „Eine Verteidigung der Demokratie – gegen den maßlosen Bürger", der 2012 in „Aus Politik und Zeitgeschichte" erschienen ist, kritisch gegenüber dem Verhalten der Bürger im politischen Prozess. (Quellenangabe, Thema des Textes)

Er wirft ihnen **Anmaßung und Überheblichkeit** gegenüber der Politik sowie einen Mangel an Vertrauen in diese vor (vgl. Z. 3 ff.). Für diese **„Hybris gegenüber der Politik"** (Z. 3 f.) gebe es jedoch keinerlei Grund, da die Politik in Deutschland „wohl nie so sauber wie heute" (Z. 10) gewesen sei. (Vorwürfe gegenüber den Bürgern)

Darüber hinaus bemängelt er die **Ungeduld** der Bürger, die den Einfluss und die Möglichkeiten der Politik sowie der Politiker überschätzten und sie damit überforderten (vgl. Z. 11 ff.).

Diese führt, so Trankovits, zu **Politikverdrossenheit** und **sinkender Partizipation** (vgl. Z. 15), die die Demokratie lähmen könne (vgl. Z. 24 ff.). (Begründungen, Folgen)

Des Weiteren konstatiert der Autor ein Missverhältnis zwischen dem von den Bürgern geäußerten Anspruch auf mehr Mitwirkungs- und Mitbestimmungsmöglichkeiten einerseits und deren **fehlender Bereitschaft**, sich zu informieren und sich aktiv an der Politik zu beteiligen, andererseits (vgl. Z. 34 ff.).

Trankovits bezeichnet „die Weisheit der Massen" als „eine gefährliche Illusion" (Z. 47). Er fordert daher, statt maßlos, ungeduldig und emotional mehr Transparenz, Kommunikation und Beteiligung zu verlangen, der **Bürgerpflicht** nachzukommen, sich zu informieren, zu bilden und zu engagieren (vgl. Z. 58 f.). (Forderung des Autors)

3. *Der Operator „vergleichen" verlangt hier eine gewichtende Gegenüberstellung der Gemeinsamkeiten und Unterschiede der Materialien M 2 und M 3. Dabei sollen Sie sich auf die von den Autoren dargelegten Vorschläge zum Umgang mit der Krise unserer Demokratie konzentrieren.*
Zur Strukturierung einer solchen Lösung bietet es sich an, den Blick erst einmal auf Gleiches, Ähnliches und Unterschiedliches zu richten, bevor ein abschließendes Ergebnis formuliert wird. Da es sich bei der vorliegenden Teilaufgabe um einen materialgestützten Vergleich handelt, sind die Kriterien der Textarbeit zu beachten.

Ebenso wie Trankovits konstatiert auch Rita Süssmuth in ihrem Text „Demokratie – mangelt es an Offenheit und Bürgerbeteiligung?“, erschienen in „Aus Politik und Zeitgeschichte“ im Jahr 2011, einen **krisenhaften Zustand** der bundesdeutschen Demokratie. Die Autoren unterscheiden sich jedoch hinsichtlich ihrer Vorschläge, diesem Zustand zu begegnen, v. a. in der Bewertung stärkerer Partizipationsmöglichkeiten: Während Süssmuth auf die **Chancen** hinweist, die mehr Beteiligung bietet, stellt Trankovits deren **Risiken** in den Fokus.

Einstieg: Quellenangabe, Vergleich der Hauptaussagen

Seiner Ansicht nach muss das repräsentative System gestärkt werden (vgl. M 2, Z. 20 ff.), und so spricht er sich dezidiert für „nicht mehr, sondern […] **weniger Demokratie**“ aus (Z. 27 f.). Einfache Lösungen zur Überwindung der Krise der Demokratie gebe es nicht. Vielmehr müsse man mit „Fachwissen“ und „große[m] Fleiß“ (Z. 31) versuchen, drängende Konflikte zu lösen bzw. Kompromisse zu finden. Zwar betont Trankovits die durch das Web 2.0 gegebenen „phantastischen Möglichkeiten“ (Z. 41), warnt aber zugleich vor **zu großen Erwartungen** (vgl. Z. 43 ff.) an umfangreichere Partizipationsmöglichkeiten und vor der drohenden Gefahr des „Chaos“ und der „Unregierbarkeit“ (Z. 45 f.). Fleiß erwartet er daher v. a. von den Bürgern, die **Eigeninitiative** bei der Aneignung von Fachwissen zeigen müssten (vgl. Z. 57 ff.). So sieht er den Weg der Demokratie aus der Krise in **mehr politischer Bildung**, auf Initiative sowohl der Bürger als auch der Schulen.

Vorschläge von Trankovits

Auch Süssmuth verteidigt das repräsentative System (vgl. M 3, Z. 15 f.), fordert jedoch explizit eine „erhebliche[] **Ausweitung der Bürgerbeteiligung**“ (Z. 16 f.), womit sie nicht in erster Linie Volksentscheide meint. Stattdessen spricht sie von neuen und „anderen Formen“ (Z. 24) der Partizipation, die „einer zeitgemäßen Demokratie“ (Z. 23 f.) entsprächen und so dazu beitragen könnten, Misstrauen gegenüber der Politik und den Politikern zu überwinden.

Vorschläge von Süssmuth

Sie sieht dabei die **Politiker in der Pflicht**, „intensive, bürgeraktivierende Kommunikation“ (Z. 9 f.) zu betreiben und **Politik verständlich zu vermitteln** (vgl. Z. 10 f.). So sollen „Beziehungsstörungen“ (Z. 12 f.), wie sie auch Trankovits konstatiert (vgl. M 2, Z. 3 f.), beseitigt werden. Eine „direkte, aufrichtige und authentische Kommunikation“ (Z. 29 f.) führe zu einem besseren Verhältnis von Bürgern und Politikern und könne so helfen, die Symptome der Krise zu beseitigen (vgl. Z. 30 ff.). Das **Prinzip der offenen Gesellschaft** sei also der Weg aus der Krise der Demokratie (vgl. Z. 33 ff.).

4. *Die Analyse einer Statistik erfordert neben der Beschreibung eine systematische Untersuchung und Auswertung. Dabei ist es entscheidend, das vorgegebene Material gezielt auf die Aufgabenstellung hin zu analysieren und abschließend zu interpretieren.*

Bei M 4 handelt es sich um eine Statistik, die auf Ergebnissen einer repräsentativen Umfrage des Global Trust Reports aus dem Jahr 2013 basiert. Es werden politisch-gesellschaftlich relevante Institutionen aufgelistet. Die angegebenen Prozentwerte entsprechen dabei dem Anteil der Befragten, die den genannten Institutionen ihr volles oder überwiegendes Vertrauen ausgesprochen haben. — Quellenangabe, Kurzbeschreibung

Trankovits' These der „allgemeine[n] Verachtung gegenüber der Politik" (Z. 7 f.) und der „Politikverdrossenheit" (Z. 15) scheint durch die Werte in M 4 gestützt zu werden. — Bezug zur Aufgabenstellung

In die zwei **klassischen politischen Institutionen** – Regierung (34 %) und Parteien (16 %) – besteht nur ein geringes Vertrauen. Nur große Unternehmen und das Internet weisen mit 26 % bzw. 34 % ähnlich **niedrige Werte** auf. — Auswertung des Materials

Dies stellt eine deutliche Abweichung von den **anderen staatlichen Institutionen** dar, die in der Umfrage aufgeführt wurden. So genießt beispielsweise die Polizei das volle oder überwiegende Vertrauen von 81 % der Befragten; auch Justiz (65 %), Verwaltung (58 %) und das Militär (57 %) erreichen eine deutlich höhere Wertschätzung als Regierung und Parteien.

Bezüglich des Vertrauens in die politischen Institutionen bestehen somit **große Unterschiede:** Der Regierung vertrauen mehr als doppelt so viele Befragte wie den Parteien, welche u. a. das Personal für die Exekutive stellen. Selbst Nichtregierungsorganisationen spricht ein deutlich höherer Prozentsatz das Vertrauen aus als den gewählten Volksvertretern.

Daher sollte zwischen **Politikverdrossenheit** einerseits und **Parteienverdrossenheit** andererseits differenziert werden; eine verallgemeinernde Aussage griffe zu kurz. — Interpretation

Darüber hinaus handelt es sich bei dem Ergebnis der Umfrage um ein sehr **punktuelles Meinungsbild**, das lediglich Daten eines Jahres erfasst. Dies schränkt die Aussagekraft der Statistik deutlich ein, sodass die von Trankovits festgestellte „allgemeine Verachtung" (Z. 7) hiermit nicht vollumfänglich belegt werden kann. — methodische Kritik, Bezug zur Aufgabenstellung

5. *In dieser Teilaufgabe sollen Sie die Funktionsfähigkeit der repräsentativen Demokratie anhand der parlamentarischen Kontrolle überprüfen. Dazu ist es erforderlich, dass Sie verschiedene Kontrollrechte des Bundestags nennen, die dazu-*

gehörigen Instrumente beschreiben und diese auf ihre Wirksamkeit hin überprüfen. Dabei ist nicht die Anzahl der behandelten Kontrollinstrumente maßgeblich, sondern die inhaltliche Tiefe Ihrer Ausführungen.

Die Kontrollfunktion gegenüber der Regierung gehört zu den klassischen Aufgaben eines Parlaments. Nur wenn dem Parlament **wirkungsvolle** Kontrollinstrumente gegeben sind, lässt sich Trankovits' Aussage bezüglich der Funktionstüchtigkeit der repräsentativen Demokratie belegen. Einstieg

Das wohl wichtigste Kontrollinstrument des Bundestags ist das **Budgetrecht**, welches häufig auch als das „Königsrecht des Parlaments" bezeichnet wird. **Art. 110 GG** spricht allein dem Parlament die Zuständigkeit für die Festsetzung der Ausgaben und Einnahmen zu. So stellt die Haushaltsdebatte des Bundestags eine grundsätzliche Auseinandersetzung über alle Bereiche der Regierungspolitik dar. Mithilfe des Budgetrechts schafft das Parlament verbindliche Vorgaben für das Handeln der Exekutive und kann so die staatlichen Aktivitäten steuern. V. a. die **Opposition** kann hierbei die Gelegenheit nutzen, der Öffentlichkeit mögliche Schwächen der Bundesregierung aufzuzeigen und Alternativen vorzuschlagen. So handelt es sich beim Budgetrecht um ein wichtiges Kontrollmittel des Parlaments, das jedoch eher von der Opposition als von der Regierungsmehrheit genutzt wird. Zwar mag es in Anbetracht der **momentanen Mehrheitsverhältnisse** im Bundestag nahezu unwirksam erscheinen, doch die **Öffentlichkeitswirkung**, die auch von einer Minderheit durch die mediale Berichterstattung um einen Haushaltsstreit erzielt werden kann, ist nicht zu unterschätzen. Budgetrecht

Gestärkt wurde dieses Kontrollrecht durch das „Lissabon-Urteil" des **Bundesverfassungsgerichts** vom Juni 2009. Darin wurde klar bestätigt, dass eine Supranationalisierung des Budgetrechts eine Verletzung des Demokratieprinzips darstellen würde. So bleibt das Budgetrecht, trotz zunehmender **europäischer Politikverflechtung**, ein funktionstüchtiges Kontrollinstrument des Bundestags.

Zudem verfügt der Bundestag u. a. über die Mittel der **Großen** und **Kleinen Anfrage**, der **Fragestunde**, der **Regierungsbefragung** nach Kabinettssitzungen und der **Aktuellen Stunde**. Er hat das Recht, Regierungsmitglieder zu einer Plenarsitzung zu zitieren und **Untersuchungsausschüsse** einzusetzen. Der Einsatz dieser Kontrollinstrumente bildet aber ebenso wie im Falle des Budgetrechts die Mehrheitsverhältnisse im Bundestag ab, sodass auch hier gilt: Wirksamkeit wird v. a. durch die **Berichterstattung in den Medien** erreicht. Informationsrecht und Befragung

Als weiteres parlamentarisches Kontrollinstrument soll das **konstruktive Misstrauensvotum**, das in **Art. 67 GG** verankert ist und als ultima ratio gilt, nicht unerwähnt bleiben. Mit ihm hat der Bundestag die Möglichkeit, dem Bundeskanzler das Vertrauen zu entziehen, indem er mit der Mehrheit seiner Mitglieder einen neuen Nachfolger wählt und den Bundespräsidenten ersucht, den Bundeskanzler zu entlassen. Im Gegensatz zu einem einfachen Misstrauensvotum, ist hier die Gefahr eines Machtvakuums und damit der Funktionsuntüchtigkeit der repräsentativen Demokratie nicht gegeben.

konstruktives Misstrauensvotum

6. *Bei dieser Erörterung müssen Sie, ausgehend von einer kurzen Darstellung der Funktionen von Medien, den Beitrag der Medien zur Funktionsfähigkeit des bundesdeutschen repräsentativen Systems sorgfältig abwägen. Am Ende muss ein begründetes Urteil stehen. Dabei ist es nicht entscheidend, zu welchem Urteil Sie kommen, sondern wie vertieft und stimmig sie argumentieren und abwägen.*

Moderne Massenmedien sind neben Parteien und Verbänden Teil des intermediären Systems und übernehmen daher eine wichtige Rolle bei der **Transformation politischer Inhalte** und Entscheidungen zwischen der gesellschaftlichen und der politischen Ebene. Sie sollen sachlich, vollständig und verständlich **informieren** und die Bürger dadurch in die Lage versetzen, das öffentliche Geschehen zu verfolgen. Nur so ist es in einer modernen, differenzierten Gesellschaft möglich, sich umfassend zu informieren und sich auf dieser Basis eine eigene **Meinung zu bilden** sowie begründete Entscheidungen zu treffen. Daher ist ein Mindestmaß an Information über politische Vorgänge nicht nur im Vorfeld von Wahlen zwingend erforderlich. Darüber hinaus üben die Medien eine **Kritik- und Kontrollfunktion** aus und werden daher oft als „**vierte Gewalt**" bezeichnet. Dabei schwingt einerseits ein Unbehagen darüber mit, dass Journalisten und Medien ihre Einflussmöglichkeiten missbrauchen könnten. Andererseits hebt dieser Begriff die wichtige Kontrollfunktion hervor, die Medien bei der Aufdeckung etwa von Missständen und Amtsmissbrauch haben. Damit verfügen die Medien über so viel Einfluss, dass sie in manchen Fällen statt der Parlamentarier die **Agenda der politischen Debatte bestimmen**.

Funktionen und Rolle von Medien

Manche Formate, wie z. B. politische Talkshows, können zum **Ersatzparlament der Demokratie** erwachsen. Durch allgegenwärtige Umfragen zu Beliebtheitswerten von Politikern besteht die Gefahr, dass sich die repräsentative Demokratie zu einer **Stimmungsdemokratie** entwickelt: Abgeordnete kümmern sich eventuell mehr um die Außendarstellung der eigenen Person als um die nötige Sacharbeit. Darüber hinaus birgt die Tendenz zu

negativer Einfluss der Medien

einfachen Ja/Nein-Abstimmungen im Internet die Gefahr, dass die Bürger langwierige und komplizierte parlamentarische Aushandlungsprozesse immer weniger akzeptieren und einfache, schnelle Lösungen fordern, die so aber nicht zu erreichen sind. So verstärken Medien oftmals die **Unzufriedenheit des Bürgers** mit dem parlamentarischen System. Dies führt möglicherweise zu einer Konzentration der Bürger auf vermeintlich Spannenderes: politische Skandale und Affären. So besteht durchaus die **Gefahr**, dass politische Berichterstattung zu „Infotainment" verkommt und die Medien die Funktionsfähigkeit der repräsentativen Demokratie eher gefährden, als sie zu fördern.

positiver Einfluss der Medien

Doch aller Kritik zum Trotz kommt in einer modernen repräsentativen Demokratie der **Freiheit der Presse** und dadurch auch deren Schutz (Art. 5 (1) GG) eine besondere Bedeutung zu. Für eine funktionierende repräsentative Demokratie ist eine vielfältige Medienlandschaft unabdingbar. Fälle wie die NSA-Affäre oder der Amazon-Skandal um Dumping-Löhne machen deutlich, dass ein investigativer Journalismus notwendig ist und eine **Bereicherung** für die parlamentarische Debatte darstellt. Selbst wenn die sogenannte Talkshow-Demokratie im Ruf steht, Kontroversen nicht mehr angemessen komplex darzustellen, wirkt sie auf viele verständlicher und **transparenter** als die Parlamentsdemokratie. Auch die Tatsache, dass viele Politiker inzwischen **soziale Netzwerke** nutzen, um sich selbst zu inszenieren, beinhaltet einen positiven Aspekt: Neue Kommunikationsplattformen werden geschaffen und können v. a. für viele junge Menschen erste **Berührungspunkte mit der Politik** bieten.

Urteil: Bezugnahme auf die Aufgabenstellung

Abschließend lässt sich daher konstatieren, dass den Medien in Bezug auf die Funktionsfähigkeit unserer repräsentativen Demokratie ein unschätzbarer Wert zukommt. Allerdings hängt es maßgeblich von der **Qualität der Berichterstattung** ab, inwieweit die Medien als vierte Gewalt ihren Funktionen tatsächlich gerecht werden.

Ihre Meinung ist uns wichtig!

Ihre Anregungen sind uns immer willkommen. Bitte informieren Sie uns mit diesem Schein über Ihre Verbesserungsvorschläge!

Titel-Nr.	Seite	Vorschlag

Bitte hier abtrennen

Lernen • Wissen • Zukunft
STARK

Bitte hier abtrennen

Zutreffendes bitte ankreuzen!

Die Absenderin/der Absender ist:

- ☐ Lehrer/in in den Klassenstufen: ____
- ☐ Fachbetreuer/in Fächer: ____
- ☐ Seminarlehrer/in Fächer: ____
- ☐ Regierungsfachberater/in Fächer: ____
- ☐ Oberstufenbetreuer/in
- ☐ Schulleiter/in
- ☐ Referendar/in, Termin 2. Staatsexamen: ____
- ☐ Leiter/in Lehrerbibliothek
- ☐ Leiter/in Schülerbibliothek
- ☐ Sekretariat
- ☐ Eltern
- ☐ Schüler/in, Klasse: ____
- ☐ Sonstiges: ____

Unterrichtsfächer: (Bei Lehrkräften!)

____

STARK Verlag
Postfach 1852
85318 Freising

24-V_Abs

Bitte ausfüllen und im frankierten Umschlag an uns einsenden. Für Fensterkuverts geeignet.

Kennen Sie Ihre Kundennummer? Bitte hier eintragen.

Absender (Bitte in Druckbuchstaben!)

Name/Vorname

Straße/Nr.

PLZ/Ort/Ortsteil

Telefon privat

Geburtsjahr

E-Mail

Schule/Schulstempel (Bitte immer angeben!)

(Bitte blättern Sie um)